数字乡村

数字经济时代的
农业农村发展新范式

郭顺义　杨子真 等◎编著

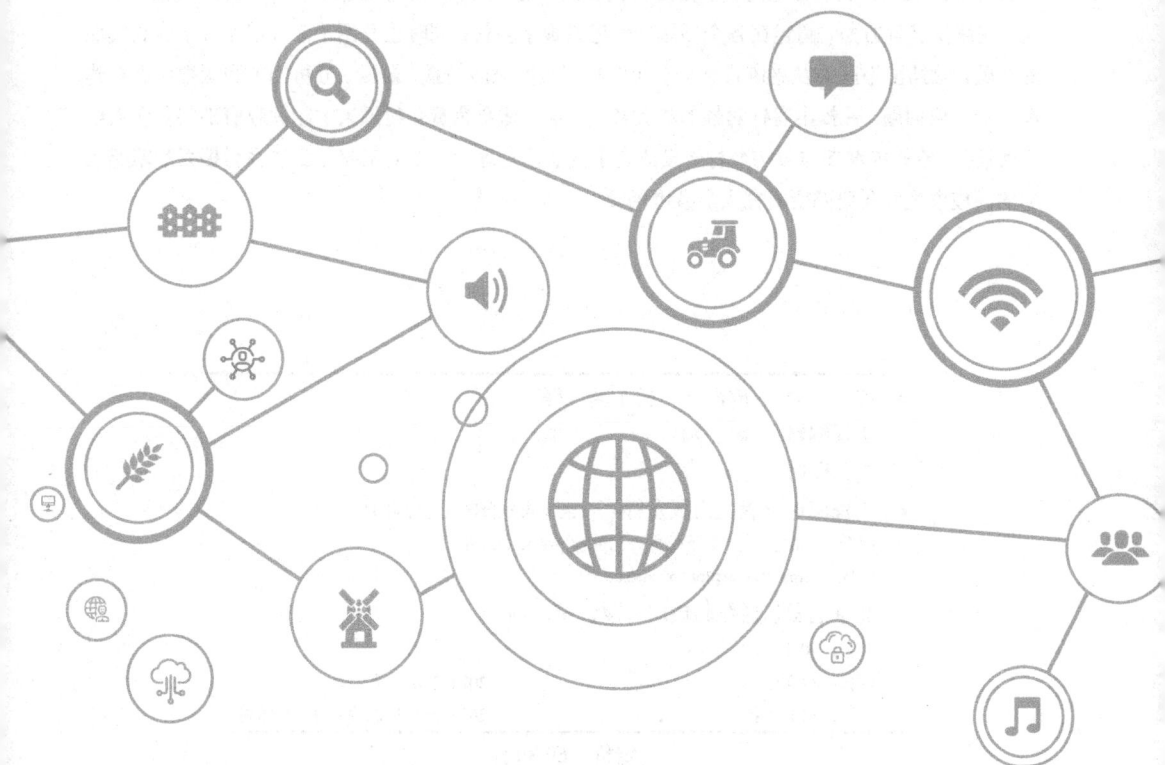

人民邮电出版社

北　京

图书在版编目（CIP）数据

数字乡村：数字经济时代的农业农村发展新范式 /
郭顺义等 编著. -- 北京：人民邮电出版社，2021.6
ISBN 978-7-115-56102-2

Ⅰ．①数… Ⅱ．①郭… Ⅲ．①农业经济发展－研究－
中国②农村经济发展－研究－中国 Ⅳ．①F323

中国版本图书馆CIP数据核字(2021)第041860号

内 容 提 要

本书从梳理分析信息技术与乡村振兴战略的关系入手，阐述信息技术推动乡村振兴的机理，结合具体的案例，从农村电商、乡村治理数字化、数字农业、智慧绿色乡村、乡村公共服务数字化、网络扶贫等方面，阐述在各个领域如何建设数字乡村。同时也介绍了部分国家数字乡村发展的经验，总结出不同的发展模式及与农业农村现状的对应关系。最后，分析当前我国数字乡村建设中的主要问题，并提出有针对性的相关建议。本书适合负责乡村振兴的相关政府部门负责人学习阅读，也希望能够参与数字乡村建设的企事业单位管理者以及对信息化促进乡村振兴战略感兴趣的高校学生和科研院所研究人员参考阅读。

◆ 编　著　郭顺义　杨子真　等
　　责任编辑　赵　娟
　　责任印制　陈　犇
◆ 人民邮电出版社出版发行　　北京市丰台区成寿寺路 11 号
　　邮编　100164　电子邮件　315@ptpress.com.cn
　　网址　https://www.ptpress.com.cn
　　北京七彩京通数码快印有限公司印刷
◆ 开本：700×1000　1/16
　　印张：12.75　　　　　　　　　　　　　　2021 年 6 月第 1 版
　　字数：143 千字　　　　　　　　　　　　2025 年 5 月北京第 13 次印刷

定价：69.80 元

读者服务热线：(010)53913866　印装质量热线：(010)81055316
反盗版热线：(010)81055315

数字乡村是伴随网络化、信息化和数字化在农业农村经济社会发展中的应用，以及农民现代信息技能的提高而内生的农业农村现代化发展和转型进程。当前，数字化技术已经成为驱动全球经济社会发展的关键力量，以5G、大数据、人工智能为代表的新一代信息技术日益深入赋能农业农村的各个领域和环节，正在深刻改变着农业生产和农民生活的方式。

数字乡村既是乡村振兴的战略方向，也是数字中国的重要内容。2018年中央"一号文件"《中共中央 国务院关于实施乡村振兴战略的意见》提出要实施数字乡村战略。2019年，中共中央办公厅、国务院办公厅印发《数字乡村发展战略纲要》，标志着我国进入数字乡村建设的新时期。中共中央网络安全和信息化委员会办公室会同相关部门印发实施《数字农业农村发展规划（2019—2025）》《2020年数字乡村发展工作要点》《关于开展国家数字乡村试点工作的通知》，整合各方资源，完善政策措施，部署开展国家数字乡村试点工作，统筹推进数字乡村建设发展。数字乡村发展战略紧紧围绕乡村振兴的总要求，加快弥合城乡数字鸿沟，提升农业生产效率，补齐信息服务短板，打造生态宜居的美丽乡村，构建现代化乡村治理体系，着力激活乡村内生动力，为乡村振兴战略的实施注入了强大的动力。

数字乡村建设是一项打基础、促发展、顾长远的历史性任务，既是新生事物，又有良好的基础。说它是新生事物，是因为数字乡村不同于农业信息化，是在数字经济的发展背景下，对"三农"领域的全面数字化。说它有良好的基础，是因为我国从20世纪80年代开始就在农业领域引入了信息化，几十年来积累了农业信息化方面的大量经验。

本书力求理论与实践相结合，希望为读者提供一个完整的数字乡村知识体系。从数字乡村发展的背景与涉及的各个方面概念入手，并结合国际视角，对当前国内外数字乡村的发展进行系统性介绍，通过介绍和分析我国数字乡村的一系列案例，进一步阐释数字乡村的发展内涵。最后，我们根据观察，分析了数字乡村发展中存在的问题并给出相应的政策建议。

本书得到了中国信息通信研究院产业与规划研究所同事胡穆、张婧、韩维娜、贾晖的大力支持和配合，在此一并表示感谢！

编者

2021 年 4 月

目录
Contents

第6章　我国数字乡村建设实践案例

第7章　我国数字乡村发展面临的挑战及对策建议

数字乡村发展的时代背景

数字乡村是在特定的历史时期提出来的，有其鲜明的时代背景。农业农村已经存在了几千年，从刀耕火种的时代开始，就支撑着人类社会的发展。近几十年，由于数字化技术的兴起，技术革命催生产业变革，农业农村随之发生了根本的变化。

全球进入数字经济时代

1. 数字经济时代的基本特征

当前，数字经济已经是全球经济增长的关键动力。从规模上看，全球数字经济体量较大，是各国 GDP 的重要组成部分。通过对全球 47 个主要经济体的量化分析发现，2018 年，全球数字经济规模总量达到 30.2 万亿美元，占全球 GDP 的 40.3%，其中，美国数字经济规模全球领先，超过10 万亿美元；中国数字经济规模超过 4 万亿美元，成为全球第二大数字经济体。从结构上看，全球数字经济结构优化，传统产业数字化转型成为主导。研究发现，47 个国家产业数字化占数字经济比重平均为 83.9%，产业数字化在各国数字经济中的主导地位持续巩固。

2016 年，G20 杭州峰会发布的《二十国集团数字经济发展与合作倡议》给出了数字经济的定义：**"数字经济是指以使用数字化的知识和信息作为关键生产要素、以现代信息网络作为重要载体、以信息通信技术的有效使用作为效率提升和经济结构优化的重要推动力的一系列经济活动。"**

数字经济时代具有以下三大特征。

一是数据成为推动经济发展的关键生产要素。在农业经济时代，经济发展依靠的关键生产要素是土地和劳动；在工业经济时代，经济发展依靠的关键生产要素是资本和技术；在数字经济时代，经济发展依靠的关键生产要素是数据。数据是未来国家和企业之间竞争的核心资产，是"未来的新石油"。农业经济和工业经济时代的关键生产要素，面临稀缺性的制约。然而，当数据成为一种关键的生产要素时，只要有人的活动，数据的生产就是无穷尽的，加之数字化技术可以被复制和共享，从根本上打破了稀缺性生产要素的制约，成为推动经济持续发展的根本保障。

二是数字基础设施成为新的基础设施。数据成为推动经济发展的关键生产要素，承载数据流动的数字基础设施成为支撑数字经济发展的重要基础设施。有线和无线宽带网络、云计算、数据中心等信息基础设施逐渐普及并推广，交通、电网、水利等传统的基础设施也处于数字化改造升级的过程中。

三是供给和需求的界限日益模糊。从传统的经济形态来看，供给侧和需求侧相互分离。在工业化的早期，物质比较稀缺，需求的满足取决于供给的产品，著名的"萨伊定律"，即供给自动创造出需求，表达了在物质尚为稀缺的时代，供给侧和需求侧之间的关系。即便经济发展到一定的阶段，已经基本解决了物质稀缺的问题，完全可以按照消费者的需求来生产相关产品，但在技术和效率层面，供给侧和需求侧分离的关系并没有被改变。然而，到了数字经济时代，随着数字化技术的成熟和互联网的深度普及，开始了大规模定制化生产，生产制造开始出现服务化转型，数字技术成为连接供给侧和需求侧的桥梁，供给侧和需求侧逐渐走向融合。

2. 我国数字经济发展概况

我国数字经济实现了高速发展。2019 年，我国数字经济增加值规模达到 35.8 万亿元，占 GDP 比重为 36.2%，同比提升 1.4 个百分点。按照可比口径计算，2019 年，我国数字经济名义增长 15.6%，高于同期 GDP 名义增速约 7.85 个百分点。虽然与美国、英国、德国等发达国家相比仍有一定的差距，但是整体保持强劲的增长势头。

近年来，数字产业化一直保持稳定增长，是数字经济发展的先导领域。2019 年，数字产业化增加值达到 7.1 万亿元，同比增长 11.1%。电信业基础支撑作用不断增强，数字产业结构持续软化，软件业和互联网行业占比持续提升。信息消费、数字经济领域投资、数字贸易等需求活力不断释放，引领数字产业化发展。

另外，产业数字化呈现爆发式增长态势，未来增长潜力依然巨大，是推动数字经济发展的关键引擎。产业数字化在数字经济中持续占据主导位置，2019 年，我国产业数字化增加值约为 28.8 万亿元，占 GDP 的比重为 29.0%。其中，服务业、工业和农业数字经济渗透率分别为 37.8%、19.5% 和 8.2%。工业数字化加快推进，制造业数字化、网络化、智能化持续突破，工业互联网成为数字化转型的关键支撑力量。

3. 农村数字经济发展概况

中国互联网协会发布的《中国互联网发展报告 2019》显示，我国 2018 年农业数字经济占行业增加值比重为 7.3%，比 2017 年提升 0.72 个百分点，农业数字化水平逐年提高，发展潜力较大。当前，农村数字经济基础不断夯实。农村网络覆盖能力和水平不断提升，农村光纤通达率和光纤接入速率显著提高，4G 深化普及。农业农村遥感卫星等天基设施逐步建设，我国首颗精准农业观测卫星——高分六号完成测试并交付使用，北斗卫星导航系统在农业生产中得到进一步的应用。农业数字化转型加速推进，智慧农业发展与农机装备智能化转型全面推进，农村电商带动农产品生产朝着标准化、专业化、品牌化的方向发展，"互联网＋乡村旅游"、直播农业、认养农业、定制农业等农村数字经济新业态蓬勃发展。

农业农村发展进入新阶段

1. 农业农村发展进入新时代

农村基本消除了绝对贫困。改革开放初期，我国农村贫困人口有 7.7 亿人，2019 年年底减少到 551 万人，贫困发生率 0.6%，2020 年完成全部脱贫。农村居民的生活水平也发生了翻天覆地的变化，2019 年年底，我国农村居民人均可支配收入 16021 元，连续 4 年增速超过城镇居民人均可支配收入增速。农村基础设施水平有了根本性改善，超过 99% 的建制村通了硬化路，全国农村自来水普及率达到 80%，供水保证率和水质达标程度显著提高，基本实现了农村地区供电服务全覆盖，行政村光纤通达率和 4G 覆盖率均超过 98%。农村公共服务供给水平大幅提升，新型农村合作医疗、农村社会养老保险、农村义务教育实现全覆盖。

农业现代化获得长足进步。现在农业生产方式发生了革命性变化，科技水平和物质装备条件与过去相比已不可同日而语。农业科技进步贡献率达到 58.3%，良种实现全覆盖，旱涝保收、高产稳产的高标准农田达到 6.4 亿亩（1 亩 =666.67 平方米，为了符合农业的习惯用法，以下还是通用亩作为单位），粮食作物耕种收综合机械化率已经超过 80%，农民面朝黄土背朝天、人拉牛耕已经成为历史，我国农业进入主要依靠科技装备驱动的新阶段。质量兴农、绿色兴农加快推进，农药化肥使用量实现负增长，打农药也从过去的肩扛手提变为无人机作业。手机成为农民的新农具，农民坐在家里滑动手机就能控制浇水和施肥，了解技术和市场信息。

2. 乡村振兴战略提出未来乡村发展的总要求

党的十九大提出乡村振兴战略，并强调："要坚持农业农村优先发展，按照产业兴旺、生态宜居、乡风文明、治理有效、生活富裕的总要求，建立健全城乡融合发展体制机制和政策体系，加快推进农业农村现代化。"这5个方面的总要求响应了当前农业农村工作的现实需求和广大农民的热切期盼。其中，**产业兴旺是实现乡村振兴的基石，生态宜居是提高乡村发展质量的保证，乡风文明是乡村建设的灵魂，治理有效是乡村善治的核心，生活富裕是乡村振兴的目标。数字乡村为乡村振兴战略的实施提供了强大的动力和先进手段，是贯彻产业兴旺、生态宜居、乡风文明、治理有效、生活富裕总要求的重要抓手。**

乡村振兴的本质是解决"三农"问题，这既是一个经济命题又是一个文化命题。我们应从经济、文化的战略高度看待我国的"三农"问题，推动乡村振兴。乡村振兴离不开土地与产业（农业及相关产业），离不开人（农民或新型农民），离不开农村环境与文化建设（农村建设）。

新一代信息通信技术成为推动农业农村发展的新引擎

随着经济全球化、社会信息化深入发展，以 5G 网络、大数据、云计算、物联网、人工智能、区块链等为代表的新一代信息通信技术日新月异、迅猛发展。在推动全球经济增长和数字化转型方面，新一代信息通信技术具有重大的作用。作为数字经济的重要组成和关键支撑，近年来，我国信息通信技术实现了跨越式发展：一方面，我国的信息基础设施提档升级，建成了全球最大的通信网络；另一方面，新一代信息通信技术的加速迭代升级推动了各行各业的转型和升级。伴随感知、连接、存储、计算和设施等物理层设施的发展和升级，新一代信息通信技术将构成基础的公共服务能力，大量应用于经济发展和社会管理中，助推各个行业加快不同领域的数字化和智能化进程。

信息技术成为农业农村发展的新引擎，有助于激活劳动力、土地、资金等各种农村要素，提升数字化生产力，以信息流带动技术流、资金流、人才流、物资流向乡村地区流动，促进资源配置优化，促进农村全要素生产率的提升，这能够有效弥补农村的短板，发展农村数字经济，推动农村经济、政治、文化、社会、生态等各领域的发展。

第2章

新一代信息技术对农业农村发展的赋能机理

　　近年来，以大数据、云计算、物联网、移动互联网、人工智能等为代表的新一代信息通信技术不断取得新突破，并且逐步与实体经济融合发展，推动经济社会的转型发展。信息化具有全域的渗透性、交织性和融合性特征，正在对社会生产生活的方方面面进行全域赋能，对农业、农村、农民产生深远的影响。

信息技术对农业现代化发展的赋能机理

1. 物联网是数字农业发展的基础

农业物联网是物联网的重要应用领域，是传统农业转型中数据的主要来源。农业物联网已被欧洲列为物联网 18 个重要发展方向之一，同时也是我国物联网九大领域的重点示范工程之一。

物联网在农业领域的应用范围广泛，基于物联网的农业解决方案，通过实时收集并分析现场数据及部署指挥机制的方式，实现提升运营效率、扩大收益、降低损耗的目的。可变速率、精准农业、智能灌溉、智能温室等多种基于物联网的应用将推动农业流程的改进。物联网技术可用于解决农业领域特有的问题，打造基于物联网的智慧农场，实现农作物的质量和产量双丰收。

农业物联网在数字农业中的典型应用包括精准农业、智能灌溉、农业无人机、智能温室、收成监测等。例如，基于物联网的智能灌溉通过采集和分析空气湿度、土壤湿度、温度、光照度等参数，精确计算出灌溉用水的需求量，达到提高灌溉效率、减少水资源浪费的目的。再例如，智能温室可持续监测气温、空气湿度、光照、土壤湿度等气候状况，将农作物种植过程中的人工干预降到最低。温室中气候状况的改变会触发系统的自动反应。在分析评估气候变化后，温室会自动执行纠错功能，使各气候状况维持在最适宜农作物生长的水平。

2. 人工智能在农业领域应用潜力巨大

埃森哲公司基于人工智能对中国经济整体影响的模拟分析，并结合行业规模数据，分析了人工智能对中国 15 个行业可能带来的经济影响。研究结果显示，农林渔业将成为从人工智能应用中获益最多的 3 个行业之一，另外 2 个分别是制造业及批发和零售业。到 2035 年，人工智能将推动农林渔业的年增长率提升 1.8%。机器学习所具备的通过使用大数据集来优化单个或一系列关键目标的能力非常适合用来解决农业生产中的农作物产量、疾病预防、成本效益等问题。

在种植领域，机器学习技术可以被用来分析来自无人机和卫星的图像、气象数据、土壤样本和湿度传感器的数据，并帮助确定播种、施肥、灌溉、喷药和收割的最佳方法。在精准农业的各个环节中，机器学习能够发挥重要的作用，人工智能能够提高粮食产量并减少资源的浪费。

在养殖领域，利用人工智能可以有效降低疾病造成的损失。准确诊断牲畜所患疾病并尽早在发生损失之前进行治疗，可以消除由疾病导致的损失。在一项学术研究中，研究人员收集和分析鸡的声音，并训练神经网络模式识别算法后，研究人员能够正确地识别出感染了致命疾病的鸡，其中，发病 2 天的鸡的识别准确率为 66%，而发病 8 天的鸡的识别准确率为 100%。

人工智能还可以有效缩短农业研发的进程。在实验室和研究中心，机器学习算法能够帮助培育更好的植物基因，创造更安全、更高效的农作物保护产品和化肥，并且开发更多的农产品。实际上，人工智能在这些领域的介入更加成熟，因为这一领域的数据更为丰富，数据获取的速度也更快。

3. 通信网络提供数据交换和业务应用的通道

通信网络是实现农业产业数字化转型的基础，为农业生产中的信息采集提供高速、精确、及时和广泛的传输通道，是农业物联网的基础承载平台。

移动通信网络是被采用的主体，89%农场主采用 3G 或 4G 使能的移动应用将相关数据从农场传输至农场管理系统，并用于分析农场的情况。45%以上的农场主选择使用卫星导航收集农场地形的相关数据。目前，ZigBee 和蓝牙是使用 Wi-Fi 时最常用的功能，以上技术可以协助农场的传感器控制自动灌溉和温室养殖等应用程序。全球联网农场技术的选择比例如图 2-1 所示。

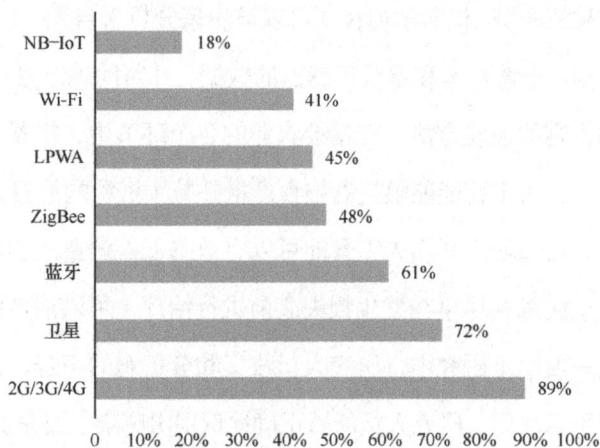

图 2-1　全球联网农场技术的选择比例

信息技术推动"三农"数字化转型

新一代信息技术给农业农村的发展带来新的动力,从农业生产和经营、公共服务供给、乡村治理现代化等角度实现全面提升。

1. 推动构建新型农业生产经营方式

数据已经成为新的生产要素,大数据、人工智能、互联网、物联网等新一代信息技术改变了农业生产的经营方式。

首先,农业生产的方式发生变化。我国农业机械化已经步入中级阶段后期,2019 年,全国农作物耕、种、收的综合机械化率虽然已经达到69%,但是与发达国家 90% 以上的综合机械化率相比还有很大的差距,农业生产效率仍有较大的提升空间。农民进行农作物种植、畜禽喂养等单纯依靠个人经验,抵抗自然灾害的能力严重不足,仍处于一种"看天吃饭"的生存状态。对于种植哪类农作物、饲养哪种畜禽,也是完全凭借个人的判断。由于单个农民缺乏了解市场供求信息的渠道和能力,在选择种植农作物和养殖畜禽时往往会盲目跟风、一哄而上,最终造成农产品积压,农民遭受经济损失。信息技术深刻改变了农业生产的作业方式。通过农业物联网可以精准测量土壤墒情、酸碱度、养分等数据,进行精准配方施肥、精准灌溉,还可以根据土壤养分的分析,确定种植哪类农作物更加高产。通过联网农业机械可以实现自动播种、自动收割，大大降低了农民的劳动强度，提高了生产效率。通过建立农产品价格信息收集发布平台，收集、汇总和发布全国各区域的农产品供求关系，为农民种植农作物和养殖畜禽提供指导，有效减少农民种植农作物和养殖畜禽的盲目性。

其次，农业的经营方式发生变化。 长期以来，我国农村基本上都是自给自足的小农经济，生产出来的农产品除了自用和上交国家之外，大多在本地销售。一些地方的农特产品由于缺少必要的销售渠道，养在"深闺无人识"。遇到丰收的年份，也可能由于销路不畅，大量的蔬菜、水果烂在地里，给农民带来巨大的经济损失。农村电子商务改变了这种状况。借助互联网，农产品可以被天南海北的客户了解，配套以完善的农村物流体系，农产品可以销往全国各地。互联网依靠特有的传播效应，带动观光农业、体验农业、创意农业等新型农业经营方式蓬勃发展，信息技术与农业融合应用还催生了订单农业、共享农业等新型业态。

最后，农业生产的组织方式发生了深刻变化。 我国由于人均耕地面积少，农业生产组织方式大多是一家一户的小农经济管理方式，大型的现代化农业机械难以被推广应用，生产效率较低，抗风险能力较差。互联网促进分散的小农户集中连片，通过建立智慧农业信息平台，提升农业企业、家庭农场、合作社等规模化生产主体的产销对接水平，促进形成"农户＋合作社""农户＋企业＋合作社"等多种现代农业组织形式，推动农业生产流通销售方式变革和发展方式的转变。

2. 推动农村公共服务均等化

数字技术在推动农村公共服务均等化方面正在发挥越来越大的作用，主要有以下两个原因。**一是公共服务的数字化**。数字时代的公共服务正在从供给导向转变为需求导向，呈现出实时连续、共享普惠的特点，更加注重精准服务、个性化和跨界协同。**二是公共服务的网络化**。互联网拉近了农村居民与城市公共服务机构的距离，使农村居民享受优质公共服务资源成为可能。过去，由于城乡之间距离远，农村居民得不到良好的医疗救治，也享受不到优质的教育资源。特别是在一些偏远山区，进一趟城可能要花费大半天时间，农民享受公共服务资源极为不便。互联网突破了时空限制，为推动城乡要素双向流动，打破城乡"二元结构"提供了新的手段。"互联网 + 医疗"向偏远和欠发达地区延伸，利用互联网实现精准治疗、一站式结算、医疗众筹，可以为农民提供便捷的医疗服务。"互联网 + 教育"可以提升农村地区的教育教学水平，通过远程教学、网络助学等方式，改善农村办学的基础条件，为农村地区的学生带来优质的教育资源。

3. 推动乡村治理现代化

数字化技术能够显著提高政务服务的便捷程度。搭建扁平化的对话交流平台，拓宽居民的自治渠道，提供便捷的政务服务，推动基层治理模式的转变，以此加强农村基层的基础工作，打造共建、共治、共享的现代社会治理格局。数字化技术为农民办理政务带来了便捷，通过电子政务向县乡一级延伸和广泛建立政务农村服务站，农民足不出村就可以办理宅基地申请等服务。村民自治是我国农村民主政治的具体体现，但是在传统的乡村治理结构中，大多是基层政府、村委会等组织代替村民行使权力，村民自治的自觉性和主动性不足。数字化技术强化了村民自治的手段，提高了村民参与乡村治理的便捷性，网络村务公开、网络村民互助、网络选举等形式让村民真正参与到村务的自主决策中。

4. 推动乡村网络文化繁荣发展

信息技术在乡村文化传播中发挥了积极的作用，为乡村文化传播营造了网络公共信息空间，打破以往相对封闭的传播模式，助力乡村文化由同质化向开放的异质化发展，促进形成乡村多元的文化形态。随着互联网在乡村的逐步普及，网络成为宣传优秀文化的重要渠道。应用新媒体技术，可以有效宣传社会主义核心价值观，真正让党的"三农"政策和强农惠农举措深入人心。通过在互联网上开展孝老爱亲、诚实守信等优秀传统文化的展示和宣传，可以引导农村形成积极向上的社会风气。我国广大农村逐渐积累形成了一大批优秀的传统文化遗迹、村落。利用数字化技术可以对那些有代表性和较高历史价值的农村文化资源和非遗项目进行记录与保存，保护和传承农村的优秀传统文化。

5. 推动改善乡村生态环境

移动互联网、大数据、物联网等与农业装备融合，能够推动智慧农牧场建设，推广精准农业、精细农业，推动减量使用化肥农药，形成再生资源循环利用机制。同时，发挥无人机、高清视频等技术360°全程监测的优势，可以建立完善的农村生态系统监测平台、人居环境监测平台等，实时监测农村污染物、污染源，维护农民生活的良好环境。

6. 推动提高农民生活质量

数字化技术改变了农村居民的消费方式、休闲方式和社交方式，缩小了农村居民与城市居民的差异。随着农村电商渠道的快速下沉，农村居民学会了通过网络购买物美价廉的生活用品，提高了消费的便利性。在信息化的影响下，农村居民的休闲方式从单一向多元化发展，通过网络学习、休闲娱乐，极大丰富了农村居民的休闲时间。互联网的发展扩宽了农村居民的社交范围，农民交往借助微博、微信等工具从封闭转向开放，形成了文明和谐的新型农村社会关系。

第3章

数字乡村的基本概念

数字乡村是一个新生事物，要明确数字乡村如何建设和发展，必须要先弄清楚其内涵和外延以及主要的表现形式，梳理清楚数字乡村、智慧城市、数字中国等概念的关系。

数字乡村的内涵和外延

数字乡村是伴随网络化、信息化和数字化在农业农村经济社会发展中的应用，以及农民现代信息技能的提高而内生的农业农村现代化发展和转型进程。数字乡村既是乡村振兴的战略方向，也是建设数字中国的重要内容。

数字乡村的内涵是以新一代信息通信技术作为农业生产经营的新工具、农民生活幸福的新驱动、乡村生态保护的新手段，以信息化赋能农业生产、经营、管理、服务等环节，不断提高农业农村数字化、网络化、智能化的水平，提高农民生活的智慧化水平，促进农民收入稳步增长、生活质量显著提升。

与传统的农村信息化概念相比，数字乡村内涵更为丰富。

首先，数字乡村建设涉及的主体更全面。主体包括农业、农村、农民，是数字化技术与"三农"问题的有机结合。乡村的概念不用于农村，农村是指从事传统农业和农民居住的地理区域，而乡村是一个新型的综合地理空间，这个空间承载的不只是农业，还有很多"非农"的活动在这个空间中进行。这也是国家提出乡村振兴而非提出农村振兴的原因，一字之差，内涵截然不同。

其次，数字乡村的涵盖范围更广泛。这个范围包括生产、生活、生态等各个领域。过去，农业信息化更加关注如何在农业生产过程中运用信息技术，而数字乡村把信息技术与"三农"的融合放大到农民的生活领域，更加关注农村的生态保护和绿色发展。

最后，数字乡村应用信息技术更先进。大数据、云计算、人工智能、区块链等新一代信息技术在"三农"领域得到了深度应用，并不断交叉融合创新。

数字乡村围绕农村生产、生活、生态等方面，通过建设信息网络，应用新一代信息技术，促进农村数字经济发展、乡村网络文化繁荣、乡村生态智慧保护、数字化治理体系创新，从而形成城乡一体的信息服务体系。数字乡村发展体系框架如图3-1所示。

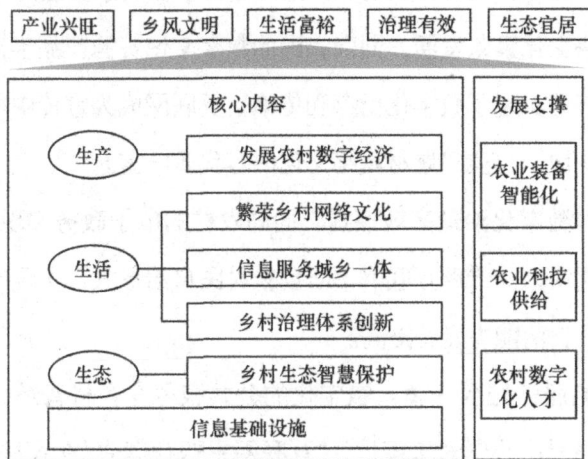

图3-1 数字乡村发展体系框架

数字乡村既是一种发展模式，也是代表未来发展方向的先进乡村形态。我们可以从以下6个方面描绘数字乡村的主要特征。

一是乡村网络高速泛在。高速、泛在、安全的基础信息网络在乡村地区深入普及，农村网络与城市网络同质同价同服务。智慧水利、智慧电网、智慧交通新型基础设施有力支撑了农业生产和农民生活。

二是数字经济蓬勃壮大。数字技术渗透在农业生产经营管理的各个环节，智慧农田、智慧牧场、智慧渔场等新型农业生产载体成为主流。农村电商成为工业品下乡和农产品出村进城的重要渠道，农产品借助互联网实现标准化、品牌化和价值化。

三是生态保护智慧先进。农业物联网在生产领域普及应用，现代设施农业等绿色农业实现规模化发展。对农业投入品实施信息化监管，化肥、农药减量应用得到普及。信息技术和传感设备广泛应用于农村饮用水水源、水质监测保护，农村污染物、污染源实时全程处于被监测状态。

四是网络文化繁荣发展。面向农民的数字文化资源产品丰富充足，乡村优秀文化资源实现了数字化留存和传承。互联网成为宣传中华优秀传统文化的重要阵地，"三农"题材网络文化内容优质丰富。

五是乡村数字化治理高效便捷。面向农村的电子政务实现了网上办、马上办、少跑快办。借助互联网不断创新村民自治形式，实现农村三务网上公开，农民自治能力显著提高。

六是普惠服务城乡一体。数字化的公共服务在乡村普及，城市优质教育资源与乡村中小学对接落地。"互联网＋医疗健康"在农村广泛应用，民生保障信息服务丰富完善，社会保障、社会救助系统全面覆盖乡村。

数字乡村的分类发展模式

《乡村振兴战略规划（2018—2022 年）》提出，要顺应村庄的发展规律和演变趋势，根据不同村庄的发展现状、区位条件、资源禀赋等，按照集聚提升、融入城镇、特色保护、搬迁撤并的思路，分类推进乡村振兴。数字乡村也不能搞"一刀切"，要遵循分类发展原则。不同的乡村具有不同的资源禀赋，具备不同的产业发展水平、信息化发展水平，并处于不同的城乡关系之中。数字乡村的发展不应是"万村一面"，而应是"百花齐放"。数字乡村的发展模式可以归纳为基础提升类、全面发展类、特色发展类和城乡融合类四大类。

1. 基础提升类数字乡村

一些乡村的信息基础设施建设水平较低，网络覆盖水平不高，自然资源条件较差，社会经济发展水平较低，产业发展滞后。基础提升类数字乡村的特点是完善网络基础设施与信息服务站点建设，加快公共基础设施的数字化改造。**基础提升类数字乡村的发展重点是信息基础设施建设、信息惠民服务、乡村信息服务站点建设。**

2. 全面发展类数字乡村

一些乡村的网络覆盖水平较高，水利、公路、电力、物流等基础设施建设较为完备，乡村产业基础较好，这类乡村可以实现数字乡村的全面发展。全面发展类数字乡村的特点是数字化技术与乡村生产、生活、生态等各领域全面融合。**全面发展类数字乡村的发展重点是农村数字经济、农业科技创新、智慧绿色乡村建设、乡村治理能力现代化、信息惠民服务建设、乡村振兴内生动力激活等。**

3. 特色发展类数字乡村

一些乡村拥有独特的自然资源禀赋，具有本地特色的农产品、乡村风貌、民俗文化等资源优势。由于信息化水平不高，互联网与特色产业没有深入融合，这些独特性优势没有被充分发挥。这些乡村应充分利用数字化技术释放特色资源潜能，赋能特色产业发展。**特色发展类数字乡村的发展重点是信息基础设施建设、特色农产品电商、乡村旅游等农村新业态建设、智慧绿色乡村建设、乡村网络文化建设等。**

4. 城乡融合类数字乡村

城乡融合类数字乡村一般属于城市近郊区、县城城关镇、乡镇驻地等村镇。由于地理区位优势，临近城镇的信息基础设施与公共信息服务能与乡村实现共享，也使其信息基础设施水平优于经济发展水平。城乡融合类数字乡村应依据政策导向提升乡村信息服务的应用水平，走城乡信息化融合发展道路。**城乡融合类数字乡村的发展重点是信息惠民服务、网络扶贫成效巩固、城乡信息化统筹发展规划。**

数字乡村与相关概念的关系

1. 数字乡村与智慧城市

《数字乡村发展战略纲要》提出，统筹发展数字乡村与智慧城市。数字乡村是伴随网络化、信息化和数字化在农村农业经济社会发展中的应用以及农民现代信息技能的提高而内生出的农业农村现代化发展和转型的进程。数字乡村以物联网、云计算、大数据、移动互联网等新一代信息技术为依托，通过在农村生产经营、乡村治理、居民生活、资源环境等多领域的智慧化应用，创造性地解决农村地区面临的矛盾与问题，全面服务于乡村振兴和可持续发展的创新发展形势。

数字乡村与智慧城市之间相互联系，相互促进。智慧城市建设中的一些相关理念和信息技术同样适用于数字乡村，它们推动信息技术与经济、社会、生态等的良好融合，也是建设数字乡村的本意。但是，数字乡村建设更强调利用信息技术形成基于海量信息和智能过滤处理的新生活、新产业、新管理等，以提高乡村整体规划、建设、管理、服务的智能化水平，促进农村、农业发展和农民生活改善。数字乡村的建设需要在整体设计框架上，尊重差异、因地制宜，推进数字基础建设和数字应用与创新。

2. 数字乡村与数字中国

数字乡村是数字中国的组成部分。数字中国是新时代国家信息化发展的新战略，是满足人民日益增长的美好生活需求的新举措，是驱动引领经济高质量发展的新动力，涵盖经济、政治、文化、社会、生态等各领域信息化建设，包括"宽带中国"、"互联网＋"、大数据、云计算、人工智能、数字经济、电子政务、新型智慧城市、数字乡村等内容。

数字乡村为数字中国建设打下坚实的基础。农业农村是我国实现现代化的短板。开展数字乡村建设，以信息化培育农村发展新动能，推进农村经济、政治、文化、社会、生态等各领域发展，以信息流带动技术流、资金流、人才流、物资流，促进资源配置优化，促进全要素生产率提升，可以实现"智慧城市"和"数字乡村"双轮并进，为我国全面建设数字中国奠定坚实的基础。

我国数字乡村的发展基础

我国的数字乡村是在农业农村信息化的基础上经历 5 个阶段发展起来的，目前已经具有一定的发展基础。

我国数字乡村的发展历程

数字乡村的概念虽然是由《数字乡村发展战略纲要》正式提出来的，但是我国农业农村信息化是从改革开放之初就开始探索的，到目前为止经历了萌芽期、起步期、发展期、扩散期和提速期，未来将进入全面发展的历史时期。

1. 萌芽期

1990 年以前为数字乡村发展的萌芽期。这个时期，计算机初步应用于农业科学计算。1979 年，我国引进了第一台用于农业科学计算、数字规划模型和统计分析的大型计算机——FelixC-512。1983—1990 年，中科院合肥智能机械研究所、江苏省农业科学院等科研院所陆续研制了"砂姜黑土小麦施肥专家系统""农业专家系统""水稻模拟模型 RICE MOD"以及"棉花生产管理模拟系统"，率先利用计算机解决了农业领域数字计算规划问题。1987 年，农业部成立信息中心，标志着计算机技术正式应用于农业生产。

2. 起步期

1991—2000 年为数字乡村发展的起步期。在这期间，政府部门重视农村信息化发展，陆续建成大型农业信息网络，农业信息化应用得到了系统推广。

1992年，农业部出台了《农村经济信息体系建设方案》，首次提出对信息体系建设和信息服务工作的统筹协调与规划指导。1994年，农业部成立市场与信息化司，主要职责是主管农业信息工作。1995年，《农村经济信息体系建设"九五"计划和2010年规划》出台，大力推进农业信息工作。1996年，中国农业信息网建成，在全国范围内配备了计算机，实现了用计算机处理大规模统计数据。1997年，"中国农业科技信息网"正式上线运行，同时，科技部启动了"国家智能化农业信息技术应用示范工程"重大专项，并在22个省市建立示范区，推广应用系统。

3. 发展期

2001—2010年为数字乡村的发展期。在这期间，政府加强指导农业信息服务建设，完善信息化基础设施，启动实施农村信息化工程项目。

2001—2007年，农业部先后出台了《"十五"农村市场信息服务行动计划》《农业部关于进一步加强农业信息化建设的意见》《"十一五"时期全国农业信息体系建设规划》以及《全国农业和农村信息化建设总体框架（2007—2015）》等，对乡村数字化发展做出规划与部署。2003年，农业部启动建设"金农工程"，加速推进乡村数字化。国家农业数据中心已经完成建设任务，农业监测预测系统、农产品监管信息系统投入使用。2005年，农业部启动"三电合一"农业信息服务项目，利用信息传输载体为农民提供各种信息服务。2007年，中央"一号文件"《中共中央　国务院关于积极发展现代农业扎实推进社会主义新农村建设的若干意见》强调要健全农业信息收集和发布制度，推动农业信息数据收集整理规范化、标准化。加强信息服务平台建设，深入实施"金农"工程，建立国家、省（自治区、直辖市）、市、县四级农业信息网络互联中心。2008 年，中央"一号文件"《中共中央　国务院关于切实加强农业基础建设进一步促进农业发展农民增收的若干意见》强调要按照求实效、重服务、广覆盖、多模式的要求，整合资源，共建平台，健全农村信息服务体系。推进"金农工程"、"三电合一"、农村信息化示范和农村商务信息服务等工程建设，积极探索信息服务进村入户的途径和办法。

4. 扩散期

2011—2019 年为数字乡村发展的扩散期。政府做出农业信息化全面部署决策，市场需求日益旺盛，服务和支撑体系打下一定的基础。

党的十八大做出"促进工业化、信息化、城镇化、农业现代化同步发展"的战略部署，对农业信息化发展提出新的要求。2017 年 10 月 18 日，党十九大报告首次提出乡村振兴战略，数字乡村的概念应运而生。

现阶段，数字农业发展受制于传统方式，面对市场经济和生态资源的变化，对农业生产、经营、管理数字化的需求日益猛增。与此同时，我国信息领域蓬勃发展，农村电商快速崛起，农产品网上交易量突飞猛进，新一代信息技术日渐成熟，为乡村数字化发展带来了机遇，也奠定了坚实的基础。

5. 提速期

2019 年 5 月，《数字乡村发展战略纲要》发布，确立了从 2020 年到

21 世纪中叶 4 个阶段的数字乡村发展目标，部署加快乡村信息基础设施建设、发展农村数字经济、强化农业农村科技创新供给、建设智慧绿色乡村、繁荣发展乡村网络文化、推进乡村治理能力现代化、深化信息惠民服务、激发乡村振兴内生动力、推动网络扶贫向纵深发展、统筹推动城乡信息化融合发展 10 项重点任务。我国数字乡村建设进入新的发展时期。

我们认为，《数字乡村发展战略纲要》的 10 项任务安排可以概括为**"1+5+2+2"：一个基础——网络基础设施；五大方向——经济、民生、文化、生态、治理；两个驱动——科技创新和农民的内生动力；两个重点——网络扶贫和城乡融合。**这为我国数字乡村的未来发展提供了清晰的战略指引。

2020 年 10 月，中共中央网络安全和信息化委员会办公室、农业农村部、国家发展和改革委员会、工业和信息化部、科学技术部、国家市场监督管理总局、国务院扶贫办联合印发了《关于公布国家数字乡村试点地区名单的通知》，公布了首批国家数字乡村试点地区名单。国家级试点示范的开展，标志着数字乡村战略进入更加具体的实施推进阶段。

我国数字乡村的发展现状

随着信息技术在农业农村领域的不断渗透和发展，我国的数字乡村取得了较快的发展，在农业生产信息化、农村电子商务、农村电子政务等方面已经打下了较好的发展基础。

1. 农业生产信息化

信息技术广泛应用于农业生产、经营和管理，在大田种植、园艺作业、畜禽养殖、水产养殖、农业设施等农业生产领域渗透应用，提高了农业发展的质量和效益。射频识别（Radio Frequency Identification，RFID）电子标签、远程监控系统、无线传感器监测、二维码等技术被逐步应用到数字化农业中，支撑农业生产管理，为农业生产提供精准化种植、可视化管理、智能化决策等依据，提高了农业生产管理的效率，提升了农产品的附加值。农业物联网试点成效显现，9个省开展了农业物联网区域试验，发布了426项节本增效的农业物联网产品技术。

农业农村部建设了"国家农产品质量安全追溯管理信息平台"，推广农业绿色生产方式，提升农产品质量安全水平，配套建设移动专用App、监管追溯门户网站、国家追溯平台官方微信公众号等。截至2020年7月初，国家追溯平台共有9.41万家生产经营主体，产品种类981个，企业上传数据量达 11.3 万条。

在园艺作业方面，经济作物监测信息系统得到扩展，蔬菜生产信息监测系统、花卉产业综合统计系统逐步完善。2018 年，园艺作物数字农业试点总数达到 16 个，覆盖全国 12 个省（自治区、直辖市），在重点县采集跟踪 30 种蔬菜 42 个产品的生产信息。

在水产养殖方面，水产养殖装备工程化、技术精准化、生产集约化和管理智能化水平大幅提高，数字化技术逐步应用于水体环境实时监控、饵料自动投喂、水产类病害监测预警、循环水装备控制、网箱升降控制等领域。沿海 11 个省（自治区、直辖市）和大连、青岛、宁波、厦门 4 个计划单列市完成海洋渔船通导与安全装备升级改造 89654 台（套），建设数字渔业岸台基站 147 座，开发海洋渔船动态监控管理系统，确保海洋渔船"看得见""联得上""管得住"。

2. 农村电子商务

我国农村电子商务发展迅速。全国农村网络零售额由 2014 年的 1800 亿元增长到 2019 年的 1.7 万亿元，规模总体扩大了 8.4 倍。其中，农产品网络零售额达到 3975 亿元，同比增长 27%，比 2016 年增长了 1.5 倍。截至 2019 年年底，农村地区的快递网点超过 3 万个，公共取送点达到 6.3 万个，乡镇快递网点覆盖率达到 96.6%。全国具备电子商务配送站点的村占比为 43.1%，开展休闲农业和乡村旅游接待的村占比为 10.2%。农村地区收投快递超过 150 亿件，占全国快递业务总量的 20% 以上。农村电商带动了返乡下乡群体的创业就业。全国农村网商达到

吸引了一大批农民工、大学生、退伍军人返乡创业。2014—2019 年全国农村网络零售额如图 4-1 所示。

单位：万亿元

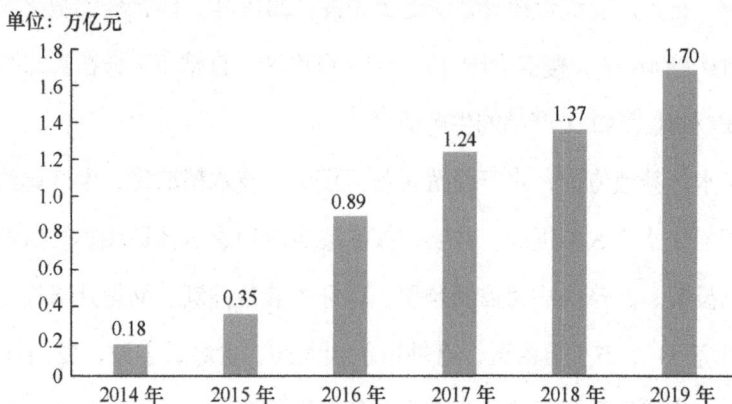

图 4-1　2014—2019 年全国农村网络零售额

3. 乡村数字化治理

农村基层党建信息化平台不断完善，"互联网＋党建"向农村基层延伸。 2019 年，全国党员干部现代远程教育终端点有 68.5 万个，其中，乡镇（街道）3.8 万个、行政村 50.1 万个，农村党员全年接受远程教育培训 19984 万人次。

电子政务向乡村延伸覆盖。 电子政务服务向农村基层延伸，提升了政府部门公共服务的效率，节约了农村居民的办事成本。贵州省网上办事大厅覆盖省、市、县、乡、村五级，基本实现了全省政务、事务、商务服务"进一张网，办全省事"，实现了跨部门、跨地区、跨层级的数据共享交换、联动审批和全程追溯。

信息化助力村务管理透明度提升。"阳光村务工程"推动村务、财务网上公开。截至 2018 年年底，利用专用财务软件处理财会业务的村共 38.8 万个，占总村数的 66%，全国实现村级财务网上审计和公开的乡镇分别为 4569 个和 18423 个，分别占乡镇总数的 12.7% 和 51.4%。

腾讯"为村"定位为乡村治理的数字化平台，通过搭建平台，为村庄提供各类互联网技术和产品，帮助农村基层管理者解决基层党建、村务管理、村民增收、文化建设等各种乡村治理问题。截至 2020 年 2 月底，全国共有 29 个省（自治区、直辖市）、215 个市、845 个区县、2395 个乡镇中的 15176 个村庄或社区加入腾讯"为村"数字化平台，认证村民超过 251 万人。

4. 农村网络文化

乡村优秀数字文化资源不断丰富。全国文物资源数据库建设扎实推进，已经实现了乡村文物资源数字化全覆盖。全国 13 万处文物保护单位和近 5000 个博物馆通过门户网站、手机 App、微信公众号等多种渠道，更加便捷地走进乡村。

乡村数字博物馆建设步伐加快。名镇、名村及传统村落数字博物馆建设加快推进，中国传统村落数字博物馆总馆建设完成，平台已经收录了首批 165 个优秀的中国传统村落单馆。

"三农"题材的网络影视作品层出不穷。2020 年上半年，共有 118 部农村题材的重点网络影视剧通过拍摄规划备案，10 余部"三农"题材作品纳入重大题材网络影视剧项目库。

5. 农村智慧环保

新一代信息技术和传感设备应用于农村环境综合整治和环境生态保护工作。涵盖基础地理、土地、地质、矿产资源、地质环境与地质灾害等数据的全国自然资源"一张图"平台建设起来，打造出"天上看、地上查、网上管"自然资源监管新模式，实现对全国每一块土地开发的全流程、全覆盖监管。平台数据总量达到 700TB，有效促进了水利信息资源全面整合，完善了国家基础水信息体系。

农村的人居环境不断改善。农民群众的环境意识明显提升，绿色文明的生活习惯逐步养成。北京市大力推动农村供水和污水处理信息化，极大改善了农村地区的饮水条件，显著提高了农村地区污水的监管和处理效率。陕西省在农村环境连片整治示范项目中积极引入信息技术，陕南南水北调水源区、关中渭河和陕北延河等流域，以及道路沿线、人口密集地区等示范区域的农村环境明显改善。辽宁省建立了环境监管移动执法平台，汇聚规模以上畜禽养殖、屠宰加工企业的重点污染源信息，通过便携式手持移动执法终端，随时调取企业信息并开展现场执法。

6. 农村信息服务

学校联网攻坚行动与农村中小学联网提速降费工作深入推进。截至 2020 年 9 月底，全国中小学（含教学点）互联网接入率达到 99.7%，配备多媒体教学设备的普通教室达 413.8 万间，93.5% 的学校已经拥有多媒体教室。人民大学附属中学（以下简称"人大附中"）开创了"双师教学"

模式。人大附中及联合总校通过互联网远程向边远贫困地区学校开设直接服务于学生的中学课堂教学。人大附中及联合总校的教师负责每日授课，提供教案、讲义和习题，定期与边远地区的教师远程视频进行教学研讨和培训。边远地区的农村教师负责根据本班的实际情况，选择合适的教学模式进行课堂教学和课后辅导。"双师教学"模式已经在全国 20 多个省（自治区、直辖市），320 多所乡村及边远贫困地区的中学开展起来。

远程医疗服务逐步向乡村延伸，推动医疗服务向基层、偏远和欠发达地区延伸。宁夏回族自治区、云南省、内蒙古自治区、贵州省、西藏自治区等远程医疗政策试点项目稳步推进，贵州省县级以上公立医院全部接入了远程医疗网络，有力促进了优质医疗资源"重心下移、资源下沉"。全国近 7000 家医疗机构开展了远程医疗服务，覆盖全国所有地级市和 1800 多个县，包括所有国家级贫困县。全国已经开设了 269 家互联网医院，19 个省份建成了统一规划的省级远程医疗服务平台，基层医疗服务能力进一步提升。

"12316"三农信息服务热线已经基本覆盖全国所有省份。全国"12316"语音平台日均接受咨询约 2.4 万个，服务用户共 1000 多万人，上线专家超 17000 人。

信息进村入户工程深入开展。截至 2019 年年底，已有 18 个省份全面推进信息进村入户工作，全国接近 70% 的行政村已经建成了 38 万个益农信息社。截至 2020 年上半年，全国共建成运营益农信息社 42.4 万个，累计培训信息员 106.3 万人次，为农民和新型农业经营主体提供公益服务 1.1 亿人次，开展便民服务 3.1 亿人次，实现电子商务交易额 342.1 亿元。在 2020 年新冠肺炎疫情防控工作中，各地益农信息社利用信息化手段为农村居民提供疫情防控宣传、滞销农产品产销对接、春耕农资购置等服务。

农业技术推广信息服务平台基本建成。平台上共有 38 万名农业技术推广人员、6000 名专家线上解答技术难题、开展技术指导，新型农业经营主体和广大农民都可以通过网页、手机 App 和微信公众号注册登录。自新冠肺炎疫情发生以来，除了在田间地头指导农民，各地农业技术人员更多地利用互联网平台在"线上"进行答疑指导。

"互联网 +"不断创新农村金融服务方式。大中型商业银行运用互联网等新兴技术为农村居民提供数字普惠金融服务，普及数字金融知识。金融机构与金融服务深入覆盖乡村，为农业经营主体办理小额存贷款、支付结算和保险等业务，向农民提供足不出村的便捷金融服务。截至 2020 年6 月底，基础金融服务覆盖 53 万个行政村，覆盖率达到 99.94%，全国共设置银行卡助农存取服务点 89.73 万个，农村地区 ATM 机达到 37.16 万台，POS 机达到 685.84 万台。

7. 农村网络基础设施

随着"宽带中国"战略的深入实施，**我国农村宽带网络覆盖率逐年提升，**为推进信息技术在农业农村的创新应用提供了有力的支撑。截至2019 年年底，农村宽带接入用户数全年净增 1736 万户，总数达到 1.35 亿户，比 2018 年年底增长 14.8%。行政村通光纤比例超过 98%。2013—2019年农村宽带用户数情况如图 4-2 所示。

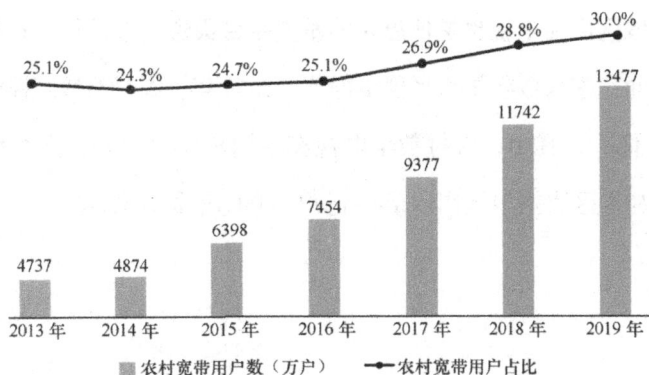

图 4-2　2013—2019 年农村宽带用户数情况

2019 年，第四批、第五批电信普遍服务试点部署实施，重中之重就是行政村和自然村的 4G 基站建设。截至 2019 年年底，**我国行政村通 4G 网络比例超过 98%，**已经提前实现了《“十三五”国家信息化规划》2020 年的目标。

截至 2020 年 6 月，农村网民规模达到 2.85 亿人，**农村地区互联网普及率达到 52.3%。**信息终端和应用供给更加丰富，用于社保、就业、金融等服务的终端在农村地区正在加速普及。2013—2020 年上半年农村互联网普及情况如图 4-3 所示。

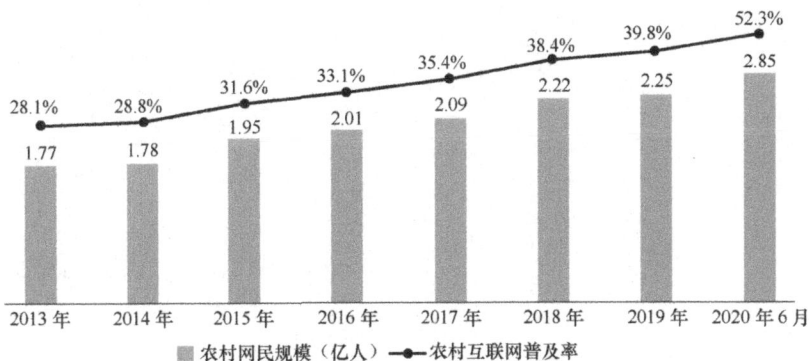

图 4-3　2013—2020 年上半年农村互联网普及情况

　　农村地区广播电视也是信息化的重要平台渠道。近几年，农村地区的广播电视通达率与数字化水平稳步提升。2019年，农村有线广播电视实际用户0.73亿户，其中，农村数字电视实际用户0.67亿户，在有线网络未通达的农村地区直播卫星用户1.43亿户，同比增长3.62%。

国际社会农业农村信息化
发展经验

当前，以5G、物联网、大数据、人工智能等为核心的新一代信息技术蓬勃发展，不断催生新模式、新业态、新产业，已经成为重塑全球经济格局和产业形态的主导力量。发展数字经济已经成为全球共识，在农业农村领域的数字化也是世界主要国家的主要发展方向。目前，国际社会没有数字乡村的概念，大多是在农业信息化方面进行探索。美国、日本、德国等发达国家在农业农村信息化方面开展工作较早，有许多地方值得我们借鉴。

美国

美国是农业农村信息化发展迅速的国家之一，美国的农业农村信息化以网络设施建设为基础，以农业信息化和农村电子商务为核心，以农业信息服务为最终手段。

1. 网络基础设施

美国农村地区与世界上其他国家一样，由于人口密度相对较低、地理环境复杂、地域广阔，相对城市来说更难获得网络服务。为了改善农村地区的网络覆盖情况，美国政府采取多项措施促进乡村网络基础设施建设，许多乡村地区也自发建设了通信网络。

美国政府推出一系列措施促进乡村地区的网络覆盖。在法律法规方面，1996 年，美国政府在《电信法》中明确规定，美国联邦通信委员会（Federal Communication Commission，FCC）及各州公益事业委员会必须采取必要的措施，建立普遍服务资助机制，以确保所有美国公民能够以承担得起的价格（与城市一样的价格）接入电信和信息业务。**在政策方面**，2017 年 12 月，时任总统特朗普签署了自 1986 年以来美国最大规模的减税法案，刺激美国运营商加大光纤、5G 等基础投资。同年，美国 FCC 投票推翻了奥巴马政府时期推出的"网络中立"规定，该法案的废除为运营商宽带建设提供了动力。2018年1月，时任总统特朗普签署了两项行政命令：第一个行政令要求内政部将其一部分资产用于农村宽带建设；第二个行政令是要简化网络安装过程。**在资金方面**，美国国会、美国农业部（United States Departmert of Agriculture，USDA）及美国FCC等多部门投入资金，支持偏远贫困地区和其他网络服务落后社区开展网络建设。**此外，美国还设立了多种农村宽带支持项目**。美国政府设立了学校和图书馆宽带接入、农村发展宽带贷款等农村宽带发展支持项目，以促进美国农村宽带的普及。美国政府对农村地区的网络建设提供多项资金支持见表5-1。

表5-1 美国政府对农村地区的网络建设提供多项资金支持

年份	支持主体	具体支持内容
2009	美国国会	在经济刺激计划中批准了72亿美元的宽带建设项目，其中，25亿美元用于资助偏远贫困地区和其他网络服务落后社区的宽带建设
2011	美国FCC	通过了针对普遍服务基金和运营商间补偿制度的改革计划，创立了一个年度预算高达45亿美元的"连接美国基金"，目标是向没有宽带接入的居民提供宽带服务，为超过700万居住在农村的美国人提供宽带服务
	美国农业部	农村公用事业局提供4.107亿美元贷款用于扩大农村宽带项目建设
2018	美国FCC	建议投入5亿美元支持农村地区的高速宽带部署
2019	美国FCC	设立一项5G基金，为运营商在美国农村地区部署先进的5G网络服务提供高达90亿美元的通用服务基金支持
2020	美国FCC	计划在未来的10年里，花费204亿美元将高速宽带网络引入覆盖不足的美国农村地区

美国ICT企业利用各种技术和资源推动农村地区的通信网络建设。 在

通信运营商方面， 2010 年，威瑞森（Verizon）首先提出在农村地区部署 LTE 移动宽带网络，将移动宽带网络引入其未部署的农村地区，2012 年年底，Verizon 已与 20 家农村移动运营商签订合作协议。2014 年，斯普林特（Sprint）与竞争性运营商协会（Communications Carrier Assembly，CCA）和 NetAmerica 联盟签署协议，旨在将其长期演进（Long Term Evolution，LTE）网络延伸至美国农村地区。同年，美国 3 家通信运营商研发了一种激光宽带技术，设备使用了激光和毫米波，传输距离最长达 10 千米，网速为 2Gbit/s，这一速度是谷歌光纤宽带服务的两倍。该项技术可以解决偏远农村地区的"信息孤岛"问题。2018 年，AT&T 试验了名叫"AirGig"的"电力线高速数据链路"新技术，并希望在 2021 年投入使用，该技术有望使偏远的农村地区也能够普及宽带网络接入。**在科技公司方面，** 2012 年，谷歌、微软协同 500 多所大学获得了 Gig.U 项目团队的支持，合作利用被遗弃的电视广播网络，使用超级 Wi-Fi 将宽带网络连接到美国农村。2017 年，微软宣布推出 Rural Airband 项目，目的是在 5 年内让美国乡村地区 200 万人用上高速网络。微软计划先在美国 12 个州推广该项目，其将拿出"种子"基金，帮助当地电信运营商提升网络连接水平，借助"空白频段"为 200 万美国人谋取福利。**在卫星通信公司方面，** 2007 年，美国卫星通信运营商——休斯通信公司发射了 Spaceway 3 卫星，用卫星宽带实现农村上网普及。

美国许多乡村地区通过自建宽带网络来解决网络覆盖差的问题。在美国联邦政府提供补助来降低网络覆盖成本的情况下，美国仍有数百个地区实质上还是"互联网沙漠"。因此，一些美国乡村自行制订了普及网络的解决方案，这些解决方案包括使用紧急服务的无线电天线塔、利用空白电视信号频段、建立公私合作等。通过这些方式，相对偏远的农村地区实现了通信网络覆盖。以阿巴拉契亚地区（位于阿巴拉契亚山谷之间的小型农村地区）为例，该地区大量农民联合起来自建宽带网络，实现网络覆盖。

2. 农业信息化

美国农业信息化建设与社会信息化基本上是同步进行的，凭借农业的高度信息化，美国以 1% 的农业人口维持了庞大的农业生产体系，不仅满足美国本土的需求，还大量出口。美国依靠强大的科学技术和经济实力，发挥各个市场主体的重要作用，应用先进的信息技术，建立完备的信息服务体系，大力推进农业信息化建设。

美国先进的技术奠定了美国数字农业在全球占据领先地位。20 世纪 80 年代初，美国就提出并推进精准农业的发展，将先进信息技术集成应用于农业，使用 3S 技术（即遥感技术、地理信息系统和全球定位系统）、计算机技术、自动化技术、网络技术等，逐步实现农业生产和销售的精确化、集约化、信息化管理。随着大数据技术的发展，美国开始将大数据技术应用到农业领域。现在美国出现了利用大数据技术的专业农业服务公司，可以制作土壤分析报告，包含土壤成分、种植不同农作物时所需要的肥料、水分以及未来产量等数据，给农业生产活动提供了极大的便利。根据《数字农业研究现状和发展趋势分析》，美国已有 41.6% 的家庭农场，46.8% 的奶牛场和 52% 的年轻农场主要通过计算机进行网络信息联络，专业的农业技术服务组织将农业信息提供给农民，服务于农业生产管理和精细化耕作。

案例1：约翰迪尔结合人工智能聚焦智能农机

约翰迪尔（John Deere）是全球著名的农机生产与销售企业，在建筑、森林、草坪等农业设备细分领域占据主导地位，一直致力于推动无人农机产品的研发和以高科技软件为基础的智能业务。2001年，约翰迪尔推出了AutoTrac自动导航系统，该系统包括一个StarFire 3000卫星信号接收器、GreenStar3 2630显示器、AutoTrac转向套件和连接线束，精确度分为SF1（误差19～23cm）、SF2（误差±5cm）和RTK（误差±2.5cm）3个等级，用户可以根据自身需求选择。其中，SF1为免费使用；SF2首次购买可免费赠送5年，此后需按时付费使用；RTK需要一次性投入建设基站，后期则使用免费。使用该系统可减少90%的重复作业，并且与普通的导航产品相比，具有多重优点。约翰迪尔ATU通用型自动导航系统与普通导航产品的对比见表5-2。

表5-2 约翰迪尔ATU通用型自动导航系统与普通导航产品的对比

项目	约翰迪尔ATU自动导航系统	普通导航产品
系统整合度	与自产拖拉机的整合度更高，故障率更低，安装后驾驶室更整洁，套件和线束是美国生产	与不同品牌拖拉机的整合度低，驾驶室凌乱，线束易被拖坏
RTK信号稳定性	在无RTK信号时，仍能保持15分钟2.5cm的精度，随后14天保持5cm精度	失去RTK信号5分钟后，精度下降；20分钟后，下降到50cm
显示器	屏幕更大，达到10.4英寸（约26cm），使用更方便，还可以用来监视和控制智能农具	有的没有此功能，有的屏幕偏小
最低行驶速度	0.5km/h	1.6km/h

（续表）

项目	约翰迪尔 ATU 自动导航系统	普通导航产品
停车重启	停车 45 秒内不需要重启系统，倒车时仍然有信号	停车必须重启系统，倒车时无信号
组件和安装时间	对于转向部分，ATU 只有 3 个组件，只需要 30 分钟安装及调试时间	普通产品是 5 个组件，需要 4 小时的安装和调试
通用性	对于转向部分，ATU 可以免费拆装到其他机器上	需要额外购买补偿模块并重新进行适配，才能安装到其他机器上

除了约翰迪尔 ATU 通用型自动导航系统之外，约翰迪尔还开发了 John Deere Field Connect（约翰迪尔连接领域）解决方案，利用环境传感器及其附件探测农作物环境的数据，推出了 JDLink 系统、APEX 农业管理软件、Mobile Farm Manager（移动农业管理者）移动端应用、操作中心 My John Deere 等多个代表性产品。约翰迪尔开发的多种智能农业产品如图 5-1 所示。

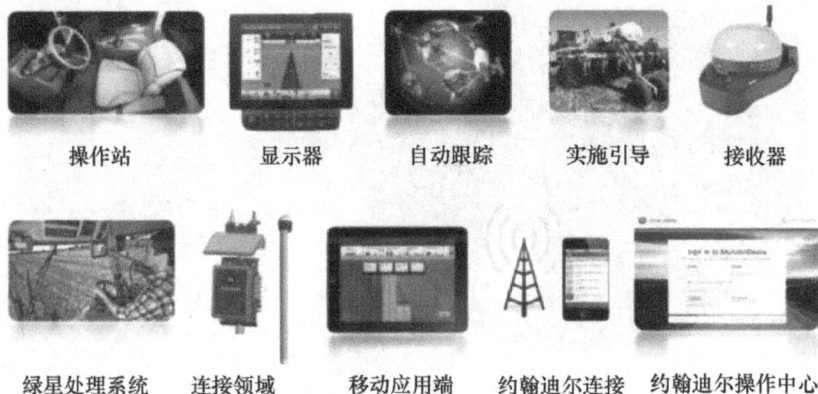

操作站	显示器	自动跟踪	实施引导	接收器
绿星处理系统	连接领域	移动应用端	约翰迪尔连接	约翰迪尔操作中心

图 5-1　约翰迪尔开发的多种智能农业产品

图片来源：约翰迪尔官网

约翰迪尔于 2017 年 9 月斥资 3.05 亿美元收购了农业机器人公司 Blue River，以期进一步扩大其在农业自动化领域的布局。Blue River 推出了新一代明星产品 See&Spray。该机器主要是引入智能除草技术以解决农作物间杂草的问题。该机器使用基于计算机视觉和机器学习创建的智能模型来区分农作物和杂草之间的细微差别，仅对杂草施用除草剂，避免在农作物或无杂草的地区施用化学品，解决了传统除草方式在杂草控制方面效果差的问题。此外，See&Spray 还可以对所使用的除草剂进行评估和调整。See&Spray 的工作原理如图 5-2 所示。

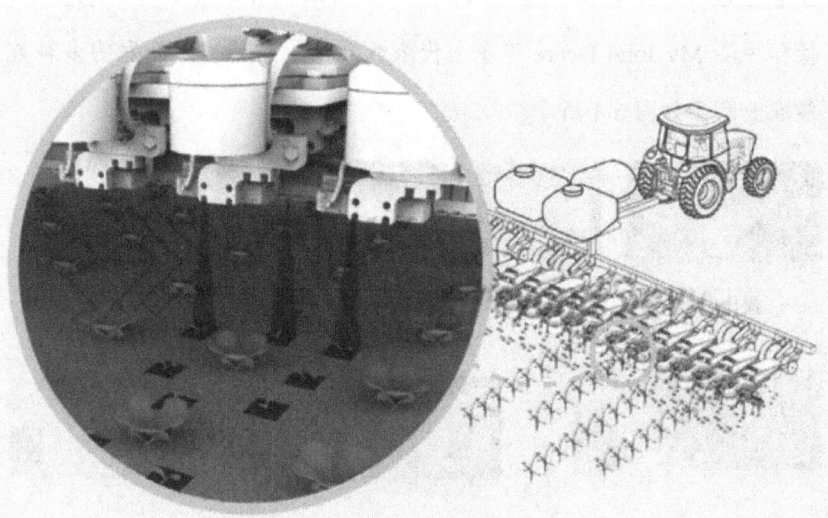

图 5-2　See&Spray 的工作原理

图片来源：Blue River 官网

案例2:孟山都倾力打造 Climate Field View(气候观测领域)平台

孟山都于 2012 年斥资 2.5 亿美元收购了 Precision Planting(精确种植)以及该公司的 Field View 技术和 Field View Plus(观测领域增强版)应用。该技术和应用能够对大数据进行分析并提供种植建议。孟山都于 2013 年斥资 11 亿元美元收购了 The Climate Corporation(气候公司),并将旗下的 Field Scripts(脚本字段)和 Precision Planting(精确种植)都整合进 The Climate Corporation 的产品中,开始广泛布局数字农业。

The Climate Corporation 于 2015 年正式推出 Field View 平台。目前,该平台已成为美国连接最广泛的农业数字平台,覆盖了美国约 5.5 亿亩(1 亩 =666.67 平方米,为了符合农业的习惯,以下还是通用亩作为单位)的农田,农民用户超过 10 万人。随着物联网的发展,该平台开始利用传感器获取土壤的相关实时数据,并基于强大的农业大数据资源为农户提供定制化的决策建议,帮助农民提升产量,提高作业效率,降低风险。

2017 年 8 月,The Climate Corporation 进一步拓展该平台,通过利用种子生长表现与分析工具、绘图和笔记工具,强化平台产量分析能力,并且通过与不同种类、多家生产厂商提供的、多种型号设备的互联,使更多农民可以集中收集数据,优化农田的投入。2018 年 4 月,The Climate Corporation 为平台新增了 AgWorks、DroneDeploy、MyAgData、Sentera 及 Skymatics 5 位业内领先的合作伙伴。Field View 平台新增的 5 位合作伙伴见表 5-3。

表 5-3　Field View 平台新增的 5 位合作伙伴

合作伙伴	提供服务
AgWorks	为农耕管理提供创新型软件产品，用于协助农产品零售商建立更加高效而紧密的合作关系
DroneDeploy	是商业无人机行业领先的云端软件平台，能让农业专家收集并分析无人机信息，用于农作物侦查、林分计数等工作，有利于农场制订决策
MyAgData	一款云端信息系统，可简化向保险公司和美国农业部汇报土地面积的工作，同时调整了数据，以满足农作物保险公司的申报要求和撰写产品报告的规定
Sentera	能提供领先的数字农作物侦查和田间数据解决方案，通过合作将会使田间状况精准、及时地传送给客户
Skymatics	提供一款新的航空成像工具 SkyClaim，通过合作可以使 SkyClaim 的数据进入 Field View，客户能借此准确评估并报告冰雹、暴风、洪水、火灾、低温和野生动物对农作物造成的破坏，还能用于申请农作物保险理赔

　　另外，The Climate Corporation 还收购了土壤传感器公司 640 Labs、提供土壤分析软件即服务（Software-as-a-Service，SaaS）服务的（风化层）Solum 和欧洲农场管理软件公司 Vital Fields（至关重要领域）。未来，它将加大在种子产品及种植建议、田间肥力管理建议和农田作物健康管理等领域的研究力度，帮助农民选择最理想的种子产品，为农民提供定制化的农作物营养和肥力管理解决建议，助力农民做出适宜的下季种植决策。Field View 平台功能界面如图 5-3 所示。

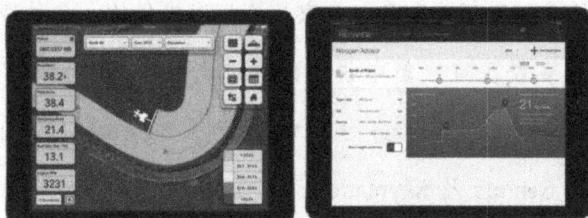

图 5-3　Field View 平台功能界面

　　美国建立了完善的农业信息化服务体系。一是建立涉农信息资源数据库。
20 世纪 80 年代，伴随计算机的商业化推广和农业数据库、计算机网络的建设，
美国加速了涉农信息数据库的建设，至今经过美国农业部编目的电子化农业
数据库超过 400 个，其中，应用最广的 Agricola 数据库逐渐成为服务农业生
产、管理、科研等方面的重要资源。此外，美国国家海洋和大气管理局
（ National Oceanic and Atmospheric Administrathon，NOAA ）、地质调查
局数据库（ United States Geological Survey，USGS ）等国家机构的涉农
信息数据库，均实行"完全与开放"的共享政策。**二是制订规范的信息
发布机制。**美国现已形成以农业部及其所属机构为主的信息收集、分析、
发布体系，与 44 个州的农业部门合作设立信息收集办事处，实现了从产
前到产后预测、从投入要素到生产成品、从自然气候到防灾减灾等农业
全产业链信息的精准传播。**三是构建有效的农业信息资源共建共享机制。**
1995 年，美国组建了覆盖农业多个领域的信息资源共享联合体，全球用
户都可免费获得丰富的农业信息数据资源。

　　美国政府在推动农业信息化方面发挥了重要的作用。在资金方面，美
国政府多次拨款给农业部支持农业信息化的发展。例如，2000 年 9 月，
国会农业委员会专门拨款 14 亿美元给农业部，让农业部、商务部、海洋
局牵头研发农业信息网络，至今已经开发了近 2000 个农业信息网络系统，
让美国成为世界农业信息网络最多的国家之一。**在法律政策方面，**美国农
业信息化建设注重立法监督作用。美国最早在《农业法》中提出了保护农
业技术信息服务主体利益的内容，同时新修订的《2014 年农业法案》对
现代化农业推广、科研成果转换研究、农产品推广等信息化项目的建设进

行了内容修订，进一步为本国农业信息化建设奠定了坚实的法制环境基础。**在政府信息服务方面**，美国农业部与各州的农业部门合作，设立了 100 多个信息收集办事处并配备近 3200 名专职的报告员，负责美国各州的农业统计工作，收集、审核和发布全国农产品信息。

3. 农村电子商务

美国农业电子商务起步早，体系较为成熟，其模式和经验为很多国家所借鉴。美国农业部数据显示，截至 2016 年，美国大型农产品网站共有 400 多个，实际总产值达到 200 多亿美元。此外，美国还有芝加哥期货交易所（Chicago Board of Trade，CBOT）、纽约期货交易所（New York Board of Trade，NYBOT）等世界上较大的农产品期货交易所，交易双方可以通过平台获取想要的信息，规避部分市场风险，在一定程度上促进了农产品电子商务的发展。美国农业电子商务的发展促进了农村地区经济的发展。

美国政府在农业电子商务的发展中发挥了重要作用。一是主导了农业电子商务的基础设施建设。美国政府注重该领域的基础设施建设，包括信息高速公路、多网合一、中介平台等，为农业电子商务的发展提供了强大的信息支撑体系。截至 2015 年年底，美国大中型农场已经 100% 接入了互联网，73% 的农场实现了电子商务交易。美国大中型农场电子商务应用情况见表 5-4。**二是通过立法执法确保农业电子商务的合法运行。**美国政府在《农业法》中明文规定：政府必须提供农业信息及相关技术服务，构建农产品的在线交易平台，农民在享有政府补贴的同时要根据法律规定如实上报农产品的生产和销售情况。美国政府根据各州的电子商务相关法律进行违规行为的查处。**三是形成了完善的农业电子商务服务体系。**例如，美国东南部的田纳西州结合自身的农业知识产权服务特色，成立了州际农业知识产权服务联盟，各州政府担负起开发和推广的主体责任，进一步完善了当地的农业电子商务体系。

表5-4 美国大中型农场电子商务应用情况

应用项	接入互联网水平			电子商务交易水平			电子商务业务所占比重		
年份	2010	2013	2015	2010	2013	2015	2010	2013	2015
占比/%	78	91	100	56	68	73	49	54	58

美国农业电子商务集中化和专业化程度较高。美国几个大规模农产品电子商务交易平台在市场上占据较大的份额，有些电商平台囊括了该行业较大比例的农产品交易。例如，美国棉花协会 2010 年的统计数据显示，30% 左右的棉花交易是通过 The Seam 公司进行的。美国农产品电商网站专业化程度高，可提供全流程服务。这些电子商务网站基于不同地区、不同产业、不同产品门类建立了不同的农产品电子商务市场，提供从信息流到物流、资金流全面配套的农产品电子商务体系。美国的农业电子商务平台形式多样，除了常见的生鲜农产品交易平台之外，还有粮食交易平台、干货交易平台、综合性的农产品网络超市等。例如，在粮食交易平台上，经销商、批发商可以直接从农场主处进货，并在线签订合同，不但节约了收购成本，还能用较低的价格采购玉米、小麦等主粮，这种专业性的农产品交易平台在市场上非常有竞争力。美国部分农业电商平台见表5-5。

表5-5 美国部分农业电商平台

机构	主营	简介
Local Harvest	农产品电商平台	生鲜农产品配送、为消费者提供与农场互动的平台
Farmigo	农产品电商平台	在线订单管理、配送管理以及后续的回款服务
Frambid	农场交易竞价	注册用户近10万，其中，10%是美国以外的用户
The Seam	农产品、棉花交易	在线磋商及交易，该市场分为国内和国际交易
Dairy	农产品，食品、奶类、运输	2015年4月上线，日交易额超200万元
iTradeNetwork	农产品，易腐烂类	服务包括价格信息、合同管理、运输
Farm Machinery Locator	农机	农机销售
Used Horse Trailers	农机	农厂设备销售
Agriculture Products	农产品和材料	农产品、相关建材、围栏
Advanced Nutrients	肥料	营养素、肥料

案例3：Farmigo的生鲜农产品电子商务模式

Farmigo 成立于 2009 年，致力于打造美国最大的农产品在线交易平台。其在生产端为当地的中小农户提供支持并拓展销路，在消费端则为消费者提供更加新鲜的食材。Farmigo 采取的模式就是在线的社区支持农业（Community Support Agriculture，CSA）。换句话说，消费者对安全新鲜的食物有着强烈的需求，而周边农户希望为农产品打开稳定的销路，那么消费者和农户之间就建立起了合作关系。目前，Farmigo 的服务范围覆盖了加利福尼亚北部以及纽约地区的超过 3000 个食品社区。

　　Farmigo的整体服务模式包括订购、采购及配送。**在订购流程方面，**Farmigo将其覆盖的客户群体按照地理位置划分为一个个的社区（例如，居住小区、学校或工作场所等），并以社区为单位进行配送。客户在使用Farmigo时，需要先加入一个已成立的社区或自己组织一个社区，同一个社区的成员可以在其社区独有的页面上完成下单，所有的订单会汇总成一个总订单，以社区为单位进行配送。同一个社区中订购的人越多，享受的折扣力度就会越大。组织者需要至少每两周发布一次食品征集信息，可获得社区销售总额10%的奖励。**在采购流程方面，**Farmigo本身并不生产农产品，它会严格挑选提供产品的农场，由每个农场负责提供不同种类的农产品，包括新鲜蔬菜、肉蛋奶、海鲜、葡萄酒、咖啡等。社区组织者在每个社区周围可以挑选5～6个当地农场供货，这些农场和社区的距离设置为一天内能够到达的范围内，这样Farmigo就可以在运送前直接向农场采购，然后送至附近社区，消费者就可以知道产品来自哪个农场以及如何生产的。**在配送流程方面，**每个社区每周有固定的送货时间，具体时间会在每个社区的网站页面公布。Farmigo会在送货前48小时到社区附近的合作农场采购，以保证食物新鲜，采购完成后将货物配送至每个社区指定的取货点。

　　Farmigo的这种运营服务模式具有多个方面的优势。**一是兼顾产品的高新鲜度和低交易成本。**采用就近采购的方式一方面满足了消费者对于农产品新鲜度要求较高的需求，另一方面通过与当地农场进行合作，有效缩短了运输距离，不仅节省了运输费用和降低了产品损耗，而且大幅度降低了交易成本。**二是增加供需双方的利益。**Farmigo 的运营模式直接连接了生产者和消费者，生产者可以从每笔交易中获得 80%～90% 的利益，消费者通过社区团购的方式可以用低于超市 20%～30% 的价格买到所需的产品。**三是有助于解决食品安全问题。**Farmigo 建立了一种基于信任的合作关系，消费者可以准确地对产品进行溯源，农户也会生产出更优质安全的产品，有效缓解了消费者的信任危机。

4. 农村信息服务

农村信息服务也是数字乡村发展的重要内容，美国在农村信息服务方面的实践处于世界领先的地位。美国的农村信息服务主要包括农村地区的电子政务、教育、医疗、金融等方面。

美国高度重视农村电子政务的发展，以统一、便捷的方式为公众服务。**在法律制定方面，**20 世纪末，美国联邦政府制定和颁布了电子政务法案《信息技术管理改革法》。该法案提出了一整套政府部门电子政务信息资源和信息技术管理制度。**在组织管理方面，**美国农业部建立起电子政务预算和技术管理的首席信息官（或信息总监）制度。美国农业部将管理权力集中到首席信息官办公室（Office of the Chief Information Officer，OCIO），主要官员由其委派，并由农业部统一考核业绩。**在战略计划方面，**2002 年，美国农业部 OCIO 提出了电子政务战略计划。美国政府同时把电子政务融入农业部及相关机构的年度绩效评估、政务运作计划和预算过程，制订了信息技术的治理措施，将监察工作引入信息管理。**在政务信息公开方面，**

美国农业部定期对世界农产品的供求形势进行预测，收集的市场信息囊括了主要农产品的全球数量、国内产量、供求情况、价格变化等，保证公众在平等条件下同时获得这些信息。

美国的"互联网＋教育"对偏远地区及农村地区等特殊环境中的农民、学生教育起到了至关重要的作用。在农民教育方面，美国政府早在20世纪60年代就开始资助农村建立教育电视台以及把电话和声像广播用于普及推广农民远程教育培训。2005年，美国农业部还针对农村居民制订了远程教育培训计划。**在农村学生教育方面，**美国州政府通过颁布政策和实施专项计划提升硬件设施，包括为学校、老师和学生配备笔记本电脑、移动学习设备和网络提速降费。例如，科罗拉多州的里昂学区为解决教育公平问题，为每位学生提供了指定用途的iPad(平板电脑)，并在学校教室内配备了200多台计算机。美国农村K12(1～12年级)在线课程运营经费主要来自州、学区的财政拨款以及项目拨款或私人捐赠。部分州立虚拟学校的州财政拨款比较少，需要向学校或学生收取课程费用来维持运营。

美国政府和医疗企业为农村地区医疗条件差、配套设施不足等问题采取了一些措施。根据2014年美国学术期刊《健康事务》(*Health Affairs*)的研究，大约42%的美国医院建设了远程医疗平台，而农村地区的采用率最高。**在政府方面，**1997年颁布的《平衡预算法案》指出，为农村地区居民提供远程医疗咨询服务的医生可得到Medicar(美国重要的保险法案之一)的B项补偿。2007年，美国联邦通信委员会推出了农村健康实验项目(Rural Health Experiment Project，RHEP)，项目总投资达到4亿美元，致力于全美宽带远程医疗网的建设，扩大了农村和落后社区的健康保健服务。2016年，美国农业部宣布医院和其他医疗机构可以申请50万美元的津贴用于医疗设备和技术援助，以便在农村地区提供远程医疗服务。2016年，财政年度拨款为美国农村公用事业服务远程教育和远程医疗补助计划提供资金，规定医疗服务机构必须服务于美国农村地区，必须说明资金需求并提供至少15%的配套资金。另外，美国还创建了农村远程医疗国家实验室。**在企业方面，**近些年，美国涌现出许多"互联网＋医疗"企业，包括一些专门针对农村医疗的企业。例如，桑福德医疗系统（Sanford Health System）通过采用一系列技术手段，为达科他地区约200万人口提供了优质的医疗服务。

案例4：美国桑福德医疗系统解决农村地区就医难题

农村地区面临的医疗资源匮乏一方面阻碍了患者就医，另一方面使基层医生与专家无法有效沟通，阻碍了最佳医疗方案在偏远地区的实践。对此，美国桑福德医疗系统通过采用多种手段来解决农村地区就医难问题，其成功经验大体上可以总结为以下3个方面。

一是建立决策支持系统并在互联网上传播。桑福德在农村医疗服务中取得重大成效的关键在于在网络上传播了可共享的决策支持工具。截至2017年年底，桑福德已将其紧急医疗响应（Emergency Medical Responder，EMR）平台推广到45家医院和300多家诊所。例如，桑福德为了加强对美国人高血压这一慢性疾病的控制，为护士建立了决策支持系统，这样在桑福德医疗系统覆盖的任何地方，无

论患者在哪个科室就诊，只要患者的血压升高，软件就会提示护士，确保护士可以及时跟进患者的病情。通过这种方式，高血压的控制率维持在90%以上。另外，EMR平台还将治疗指南整合到每位医疗提供者的工作流程中。例如，根据JNC8指南，桑福德医疗系统制订了高血压标准治疗方案，并将其提供给医疗服务者，为治疗过程中使用的药物以及跟进的时间点等方面提供参照标准，因此桑福德对高血压的最佳控制时间已经从110天降至40天。

二是创建多学科团队保证持续治疗。为了保证偏远地区的患者得到优质的治疗服务，桑福德医疗系统创建了由多学科团队确定的护理标准。多学科团队有的是以专业为主，例如，儿科。有的是围绕一种疾病开展，例如，乳腺癌多学科团队涵盖了肿瘤学、放射学、重建手术等领域的专家，确定筛选、治疗、患者安全、患者体验等多方面的标准。该团队最终确定将3D乳房X光检查作为护理标准，桑福德医疗系统已优先将其提供给所有桑福德的患者，这种护理标准的推广实施，加大了癌症的检测力度。

三是为偏远地区提供远程医疗服务。桑福德医疗系统组织专家为偏远地区的患者提供了远程医疗服务，使患者在家附近就可以接受治疗，并且偏远地区的医生也可以向专家咨询。此外，桑福德医疗系统还利用远程医疗改善紧急护理，例如，"远程中风控制"计划。如果医生怀疑患者有中风迹象，那么他可以通过视频会议向桑福德的神经专家咨询；入院前了解中风患者使用溶栓药物的时间，可以预防长期后遗症。对于某些患者来说，"远程中风控制"计划事关他们终身健康。

美国互联网金融的发展为农业提供了多元化的金融服务。美国农业互联网金融平台 Ag-America 提供农村住房贷款和商业农场贷款两类融资服务。其中，农村房屋再融资和农业土地再融资是 Ag-America 的优势产品。一般传统商业银行受限于风险控制不会再融资给农场和牧场。美国某抵押贷款互联网金融平台旨在降低复杂的贷款审批程序，其农业贷款服务项目主要包括购买农村住房的贷款及农业生产贷款，贷款的对象主要是农场、牧场以及农村空地。该平台为农业贷款设定了一些条件，例如，贷款对象要位于农村地区或低于 2500 人的村镇，最大贷款额为 41.7 万美元且贷款价值比不超过 97%。互联网众筹为很多农业初创企业提供了资金支持。AgFunder 是一个农业项目在线风险投资平台，农业项目创业者可以在该平台上发布项目并申请通过股权众筹的方式进行融资，但不是所有项目都可以在该平台上实现融资。AgFunder 拥有专业的分析团队，会对初创公司的项目进行选择识别。

案例 5：美国农业融资平台 AgFunder 有力支持农业发展

AgFunder 成立于 2013 年 9 月，总部位于纽约市。该平台成立的目的在于促进垂直农业、有机农业、大规模农业甚至水资源管理等农业技术企业成功获得融资，并且为投资者提供发现高质量项目及进行信息交流的媒介。

　　AgFunder 首先会对登录平台提出融资申请的初创企业进行筛选，若企业的资质和理念与平台的要求相符，AgFunder 就会与企业取得联系，了解企业更多的信息，并对企业进行尽职调查，判断企业是否有较高的投资价值。通常来说，经过评估的项目审核通过率只有 3%，通过筛选的企业就可以在平台开展融资或股权众筹。AgFunder 会为企业顺利融资提供一些支持，包括提供融资建议、投资者合作机会以及将企业介绍给农业投资者、行业领袖、行业专家、消费者和潜在合作伙伴聚集的生态社群。此外，AgFunder 还会为在其平台上集资成功的企业背书。AgFunder 的商业模式如图 5-4 所示。

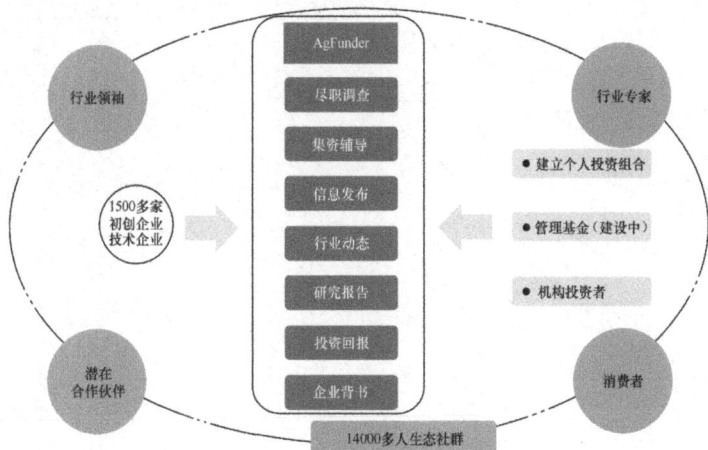

图 5-4　AgFunder 的商业模式

图片来源：品途智库

　　目前，AgFunder 平台已经建立了强大的全球网络，拥有 7.5 万名会员和用户，向大型机构投资者、规模较小的投资者和已获得认可的个人投资者开放，投资者可以通过 3 种方式投资。AgFunder 平台上投资者的投资方式见表 5-6。

表 5-6　AgFunder 平台上投资者的投资方式

投资方式	具体方式
个人投资 组合投资	投资者通过网络会议与平台列表中的初创企业取得联系，最低投资额为 1 万美元
管理基金投资	这是 AgFunder 提供的具有更加多元化的投资组合工具，由 AgFunder 的投资专家负责运作，投资者可以进一步对 20 ～ 30 家具有潜力非列表初创企业进行投资，最低投资额为 10 万美元
机构投资	机构投资者可以查看平台提供的预审查的交易流程，对目标项目进行领投或在 AgFunder 和其他机构后跟投，也可以带来投资机会与 AgFunder 共享

日本

农村人口老龄化问题在日本非常突出，根据日本农林水产省的统计，2018 年，日本农业就业人口为 175 万人，近 10 年减少了 100 多万人。其中，65 岁以上的人口占比更是高达 68%。日本综合研究所认为，2030 年，日本农业就业人口将减少到 100 万人。为应对这一问题，21 世纪初，日本政府提出信息技术基本战略，在乡村振兴的道路上将信息化技术与农村各产业全面融合应用，实现农业农村稳步发展。

1. 网络基础设施

日本农村地区虽然人口稀少，但是网络覆盖率高，基础设施完善，城市和农村在基础设施方面的差距并不算大。截至 2015 年，日本固定电话普及率为 50.23%，移动电话普及率为 126.54%，家庭计算机普及率达 80% 以上，4G 网络等移动宽带普及率达到 128.02%[1]。

日本政府高度重视农村地区的通信网络建设。日本农林水产省在 2000 年开始制订 "21 世纪农林水产领域信息化战略"，总体目标是消除城乡数字鸿沟，调动农村和农业的发展活力。具体措施包括加强农村信

---

1 冯献,李瑾.信息化促进乡村振兴的国际经验与借鉴[J].科技管理研究,2020,40（3）:174-181.

息通信基础设施建设，运用网络技术来推动农业电子商务产业，向农业从业者及消费者提供农产品信息以实现信息共享。2001 年，日本又制订了 "21 世纪农村信息化战略"，通过提高农村光纤的覆盖率、建立农产品信息平台、培养农业信息化人才等措施，进一步缩小农村与城市的信息化差距，帮助农村利用信息资源发展农业生产。2004 年，日本提出 "U-Japan" 计划，该计划的目标之一是在全日本范围内整合宽带设施，缩短宽带差别，消除数字鸿沟。2007 年年底，日本召开了 "消除数字鸿沟战略会议"，部署了未来 3 年的信息通信发展规划。会议提出，政府将发放补贴，将光纤铺设至人口稀少的地区，包括农村地区。会议还强调，到 2010 年，实现 90% 以上的家庭可以高速上网的目标。日本政府认为，应该尽力消除大城市、中小城市与农村之间在获得信息方面的差距。为促进下一代互联网的实现，日本政府考虑由国家和地方政府负担部分通信网络的运营费。

日本企业积极推进农村地区的通信网络建设。 2019 年 5 月，日本软银和诺基亚西门子通信计划共同推出 LTE 服务。同时，通过采用全球专供高速分组接入（High Speed Packet Access，HSPA）使用的 900MHz 频段，软银可以有效扩展 HSPA 网络的覆盖范围、容量和设备组合，以此帮助软银部署全新的和可扩展的全国通信网络，此网络同时覆盖农村地区以及札幌、仙台和福冈等重要城市。2019 年 7 月，日本两大电信运营商软银和 KDDI 表示，将在日本农村地区建设 5G 移动通信网络，它们将考虑成立一家合资建设管理公司，专门建设及使用基站。2019 年 9 月，日本乐天移动与 Airspan 正式开展合作，未来将推出 5G 毫米波（mmWave）和面向农村无线网络连接的解决方案，以提高网络效率并增强移动用户的体验。乐天移动将使用 Airspan 的开放式无线接入网（Wireless Access Network，RAN）平台来部署其完全虚拟化的网络，并将采用 28GHz 频段"Air5G OpenRange28"毫米波平台以增加网络的容量。

2. 农业信息化

日本很重视信息技术在农业领域的应用。早在 1994 年，日本就开始研发农业信息网络，并实现了农业信息服务全国联网，各种专家系统、气象系统、生产管理系统等也开始快速应用。日本在农业信息系统建设、运用技术手段解决农村老龄化问题方面均有所创新。

日本重视农业信息系统建设。针对农业信息资源整合，20 世纪 90 年代初，日本专门设立了农业技术信息服务全国联机网络，即电信电话公司的实时管理系统，每个县都设有分中心，农村居民依托分中心，可快速、有效地进行农业信息收集、处理和共享。**针对农业科技信息，**日本将 29 个国立农业科研机构、381 个地方农业研究机构及 570 个地方农业改良普及中心全部联网，农民可以通过手机、电脑随时随地查询 271 种主要农作物育种、栽培、种植等技术。**针对市场信息服务，**在由日本"农产品中央批发市场联合会"主导的农产品市场销售服务信息系统中，农产品生产者和销售商可以从网上查出每天、每月以及年度的各种农产品的销售量；另外，还有一个由全国 1800 个"综合农业组合"组成的各种农产品的生产数量和价格行情预测系统。涉农主体通过这两个系统能够及时了解日本内外各类农产品的市场行情，并由此来调整生产经营。

日本运用技术手段应对农村老龄化。在人工智能技术的应用方面，2015 年，日本发布"机器人新战略"，提出围绕农林水产业等主要应用领域启动基于智能机械 +IT 的"下一代农林水产业创造技术"。2016 年 3 月开始，日本投入 40 亿日元（约 3600 万美元）促进农场自动化，并帮助开发 20 种不同类型的机器人。此外，久保田、井关农机、雅马哈等企业也逐渐开始布局农业人工智能产业。久保田于 2019 年 1 月推出了智能拖拉机，利用全球定位系统可以精准定位智能拖拉机的具体位置，根据事先设定好的农田地形和面积等详细数据，由人工智能判断出拖拉机该完成什么样的操作。即使在凹凸不平的地面上，智能拖拉机也可以平稳行驶，进行农业劳作。在农业物联网的应用方面，2004 年，日本总务省提出"U-Japan"计划，其核心是力求在未来形成一个人或物均可互联、无处不在的网络社会。在该网络社会中，就包括了农业物联网技术。日本政府在"U-Japan"计划中提出，到 2020 年，农业物联网规模将达到 580 亿～ 600 亿日元。此外，日本政府还计划在 10 年内以农业物联网为信息主体源，普及农用机器人，在 2020 年农用机器人的市场规模达到 50 亿日元。

案例 6：日本 NTT 集团建立日本式的智能农业

目前，欧美发达国家与中国等新兴国家都在大力推动智能农业发展，由于日本山高坡陡、平地零碎，大平原用的自动农机与 GPS 导航系统在日本并不适用，反而容易因山区导航误差而遭受损失，因此日本在农机厂研发新设备及从业者引进新设备方面的进程都比较慢。2019 年 4 月，日本 NTT 集团结合准天顶卫星（Quasi Zenith Satellite

---

System，QZSS）、无人机、人工智能、大数据以及各种农药技术，在日本福岛县南相马市选择 80000 平方米土地展开试验，试验计划到 2021 年 3 月结束，为期 3 年，该试验的目标是使农业劳作耗时减少 30%，而农作物收获增加 30%。农用无人机在田上飞行如图 5-5 所示。

图 5-5 农用无人机在田上飞行

图片来源：电子产品世界网

此次，在 NTT 集团与福岛地区农业相关企业的合作计划中，智能农业经营服务方案主要为了验证 3 种服务的效率：农作物成长诊断与肥料调整、70 种病虫害状况诊断与应对以及病虫害预测与预防。在执行方面，该试验利用无人机在农田上方飞翔，将搭载的摄影机拍摄的影像传到云端平台上进行分析，并与前几次的影像比对，确认农作物生长状况，并适度施肥，在发现有害虫或农作物产生疾病时，立即投放农药抑制，甚至利用环境影像预测可能引来的寄生虫种类或容易滋生的细菌与病毒种类，提早施药。

案例7：日本久保田积极布局智能农业

久保田株式会社（Kubota Corporation）创立于1890年，总部位于日本大阪，是日本最大的农业机械制造商。久保田公司生产许多产品，包括拖拉机、发动机和其他农业设备等。

随着世界人口不断增加，粮食不足问题令人担忧，提高农作物的生产效率或者单位面积的粮食产量显得尤为重要。久保田作为农机制造企业已着手进行大型农机以及智能农业的开发，久保田智能农业系统（Kubota Smart Agriculture System，KSAS）于2014年6月正式销售，该系统由KSAS农机、KSAS移动终端与KSAS服务器构成，其目标是使农户进行放心安全的农作物生产，产出高产量与优质的粮食。久保田智能农业系统如图5-6所示。

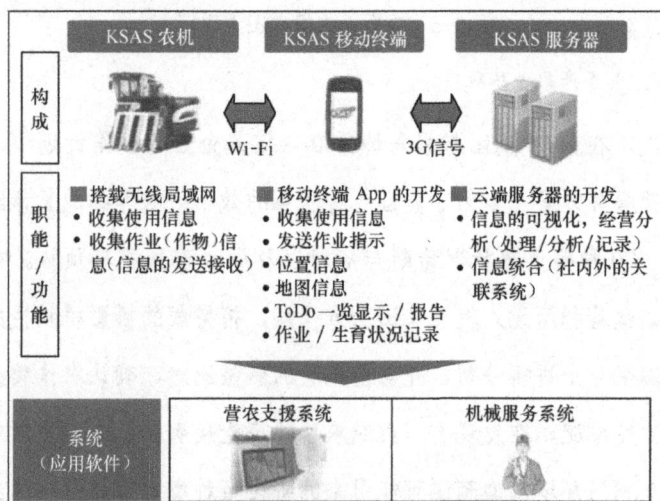

图5-6　久保田智能农业系统（KSAS）

图片来源：农机通

其中，KSAS 农机通过自身搭载的无线局域网，收集使用信息及作业作物信息发送到 KSAS 移动终端 App 中，KSAS 移动终端 App 在收集 KSAS 农机发送信息的同时对其进行作业指示，并获得其位置信息和地图信息，还可查看 KSAS 服务器以 KSAS 移动终端发送的信息为素材生成的信息可视化的经营分析报告以及作业、生育状况记录等，支持该系统正常运转的应用软件为营农支援系统和机械服务系统。

日本农业面临从业人口老龄化、农业生产成本高等问题，随着科技的发展，日本开始探索无人化农业。小型无人机、无人驾驶农机及小型农用机器人等智能设备正逐渐代替传统的人力耕作。久保田公司于 2016 年 1 月推出了可完成无人耕作的自动驾驶拖拉机，该拖拉机利用全球定位系统可以精准定位其具体位置，并根据事先设定好的农田地形和面积等详细数据，由拖拉机自动控制方向盘和耕作装置在无人驾驶状态下完成田间耕作、施肥及播撒农药等工作。即使在农田凹凸不平或者浸水的状况下，智能拖拉机仍能稳定行驶，并进行农业劳作。2017 年，久保田公司发售了一款在人工监视下可进行无人驾驶作业的拖拉机。2020 年 1 月，该公司推出了一款自动驾驶拖拉机——X tractor，据称它是通过锂离子电池组和太阳能电池板的组合实现完全供电的。通过结合使用 GPS、车载传感器（例如，摄像头）以及基于人工智能的制导系统，该拖拉机可以在常规田地和稻田中自动行驶。拖拉机上的人工智能系统使车辆可以通过监控天气和农作物生长率等信息来决定适当的行动。假设一小时后有阵雨，X tractor

就会提前注意到这一点并完成收割任务。另外，四轮履带式的包装可以使其在复杂的地形和潮湿的区域（例如，稻田）里自动行驶。它还可以根据情况改变车辆主体相对于履带的高度。自动驾驶拖拉机——X tractor 如图 5-7 所示。

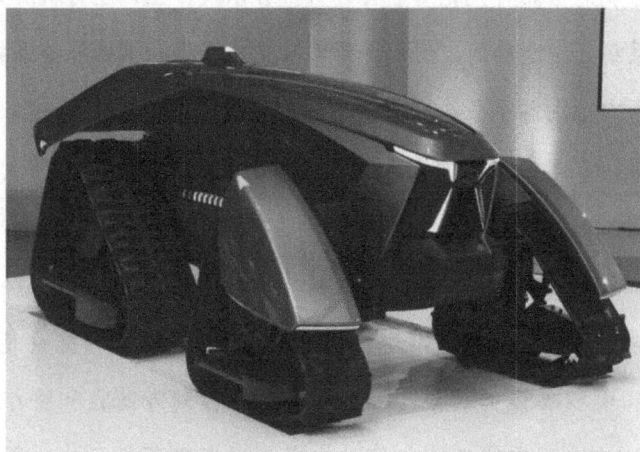

图 5-7　自动驾驶拖拉机——X tractor

图片来源：cnBeta

3. 农村电子商务

日本农村电子商务虽然起步较晚，但发展较快。其中，农产品电子商务年销售额由 2005 年的 610 万美元增加到 2015 年的 2500 万美元。农产品电子商务销售额所占农产品总销售额的比重持续增加。日本农产品电子商务发展如图 5-8 所示。

日本的农村电子商务有以下几个方面的经验值得借鉴。

　　政农合作推动电子商务发展。 日本设有专门的农业协会组织，为农户提供农业信息和技术指导。同时，日本政府为了保护本国农产品的贸易权，还设立了专门的农产品组织，其主要功能是对国内外农产品相关信息进行汇总和整理，之后再通过本土农业网站发布，保证农户能够随时掌握国内外农产品期货交易价格，及时调整生产思路。政农合作共同促进了日本农产品电子商务的发展。

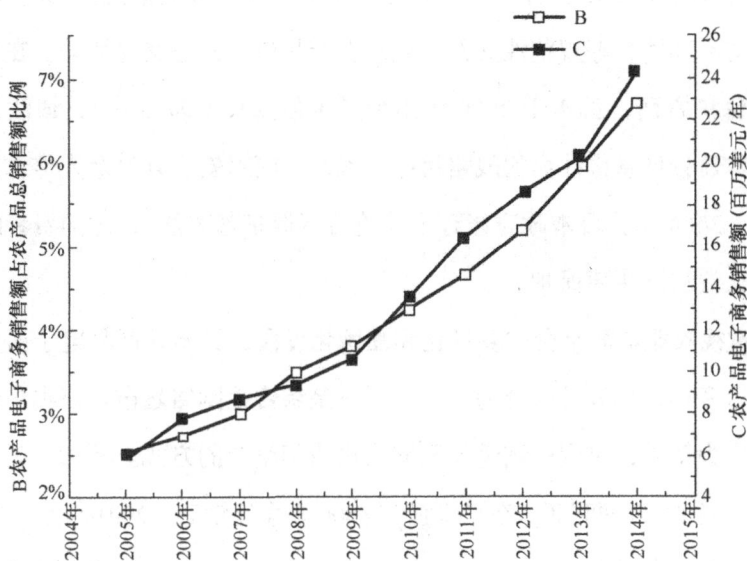

图 5-8　日本农产品电子商务发展

　　重视农产品电子商务法律制度建设。 日本对农产品电子商务立法，其法律效力仅次于宪法。针对农产品电子商务交易活动中的农产品安全、知识产权保护、电子认证申请、消费者权益保护、个人信息保护等方面，日本均已进行了专门性立法。另外，日本还不断修订相关法律，强化了农产品电子商务相关法律的时效性和针对性。**在农产品安全方面**，日本政府出台了《食品安全基本法》《食品标识法》《农药取缔法》等一系列法律法规，通过上述法律法规，日本对农产品的生产、加工和流通等环节实行依法管理，保证了进入电子商务领域的农产品的质量安全。**在农产品电子商务交易方面**，日本政府出台了《关于电商与信息交易准则》《电子商务合同法》《电子签名与认证服务法》等法律法规，并配套实施了《关于消费者在电商中发生纠纷的解决框架》《完善跨国电商交易环境》等规范性文件，规范农产品电子商务交易活动。**在个人信息保护方面**，日本于 2000 年出台了《信息技术基本法》，该法确立了日本建设信息化社会的战略目标，确保了网络安全并对个人信息加以保护。2004 年，日本政府修订了《消费者保护基本法》，对消费者的网络隐私权加以法律保护。

重视农业电商平台的多样化和品牌化发展。日本农产品电子商务平台类型多样，总体可以分为四大类。**一是综合性网络超市。**该类平台以实体店为基础，采取店铺销售和网络销售相结合的方式。例如，创建于 1973 年的 7-11 便利店，在日本拥有 8000 多家连锁店，2001 年起，7-11 便利店进行电子商务布局，建立了一套高效完善的农产品信息网络，实现了业务处理的自动化，大幅提高了效率。**二是大型综合类网络交易市场。**该类平台商品种类齐全，销售规模大，拥有独立的采购和配送系统，是传统超市的补充。例如，创建于 1997 年的乐天市场是日本最大的综合类购物网站之一，在日本电子商务市场的占比达到 25.8%。**三是农产品电子交易所。**该类平台为各类市场主体提供包括信息发布、合同订立、质量检测、仓单融资、资金结算、仓储物流、货物交割、风险管控等全程服务，采用计算机网络组织异地交易，采取市场统一结算的交易方式。例如，Wise-System（智慧系统）是日本著名的农产品电子交易所，其通过网络公布农产品的相关信息，价格由供求双方博弈形成，整个交易过程均通过网络完成。与传统的销售方式相比，它具有信息公开、价格透明、成本降低、效率提升等优点。**四是专门性农产品网络商店。**该平台资源多在社区附近，针对社区用户，提供快速送货上门服务，商品种类较少，以新鲜、便利为特色。例如，著名的"邻近的八百屋"网站在日本影响力较大，所销售的农产品都是通过与生产者签订订单，直接从源头进货，保证了农产品的新鲜。

4. 农村信息服务

日本在数字乡村的建设过程中，不断开发和应用适合乡村地区的信息服务，推动远程教育、远程医疗等在乡村的发展。

在乡村教育领域，由国家统一规划开展农民远程教育，其教育形式丰富多样，具有针对性和实用性，以教育系统为主，以农业改良普及事业系统为辅，形成完备的教育体系。日本注重利用农民易于接受的方式推广农业信息技术，例如，为了开展田间演示教学，培训者利用先进的摄像机和无线通信等设备在田间现场录制节目，再通过远程咨询系统传输到全国农民身边供其学习。

在乡村医疗领域，2006 年，为解决农村与城市之间在医疗技术、设备、服务等方面存在差距的问题，日本厚生省、医疗机构和相关信息技术公司共同成立了研究机构，大力发展远程医疗系统。2009 年，日本制订《i-Japan 战略 2015》。该战略提出要通过信息技术应用，努力解决地方性医疗资源不足等问题，使每个国民都能够享受到高品质的医疗服务。东京上野的 ViewSend 公司开发的远程医疗系统通过远程网络技术以及专业医疗透视存片技术把医院和患者连接在一起，以实现双方互动及远程传输各种医疗透视照片资料。

案例 8：日本推进移动医疗手机 App，提高偏远地区就诊效率

Allm 是位于东京的一家创新科技企业，该企业于 2014 年开发了智能手机软件"Join"。截至 2016 年 11 月，该软件已经被超过 100 家医院引进，同时也被用于巴西、美国、瑞士、德国等国家的医院。

目前，日本一些偏远地区也正在逐步引进远程医疗系统，当部分偏远地区的医院向城市医疗机构紧急运送患者时，当地医生可提前通过智能手机软件"Join"共享患者信息，诊疗医生可以事先了解到病人的详细病情，大幅缩短了从患者抵达到开始治疗的时间。通过远程医疗系统，地方医院转移到市内医院的患者从抵达到进入手术室的时间从之前的 2 个多小时缩短到半个小时。市内医院的专科医生甚至可以通过远程治疗使患者免受路上的奔波之苦。此外，医生通过"Join"采用对话的方式在其他地方了解到病人情况，还可以看到患者的检查影像，并向治疗现场做出指示。因此"Join"极大地提高了偏远地区的治疗效率。

目前，"Join"的应用功能也在不断扩展，正以医疗条件较差的偏远地区为中心进行推广，除了紧急治疗之外，该软件还可以被应用于日常医疗咨询。在带有聊天功能的界面中，医生可以共享患者经过磁共振成像装置（Magnetic Resonance Imaging，MRI）和计算机断层成像（Computed Tomography，CT）检查的图像。这些数据通过外部网络被统一保存在"云端"，保留一段时间后会被自动删除，无法保存在手机内，避免了个人就诊资料被泄露的风险。

德国

德国经济实力强大，2015 年，德国在"工业 4.0"的基础上提出"农业 4.0"，在政策和资金的大力支持和引导下，德国的农业农村在工业化、城市化的进程中得到了同步发展，农业生产水平大幅提升，科技含量不断增加，生态环境越来越好。德国农业农村的快速发展为我国数字乡村的建设提供了宝贵的借鉴经验。

1. 网络基础设施

德国是全球领先的制造业强国，但在高速宽带网络部署、信息通信技术应用方面相对落后，2016 年在全球十大数字经济强国中，德国排名第 6，落后于美国、韩国、英国、日本、中国。德国的农村宽带发展水平低，城乡数字鸿沟差距显著。2016 年，德国农村地区拥有 30Mbit/s 以上宽带网络的家庭用户占比仅为城市地区的一半，拥有 50Mbit/s 以上宽带网络的家庭用户占比不及城市地区的三分之一。为了突破网络基础设施建设的瓶颈，德国政府采取了多项措施，企业也纷纷发力，促进农村宽带网络的普及。

德国政府多举措深入推进基础设施相对薄弱的农村地区建设宽带网络。在政策方面， 2011 年，德国修改完善了《改善区域经济结构共同任务法》。该法指出，德国政府将拓宽宽带资助范围，在经济欠发达地区和农村地区推进宽带建设。2019年，德国联邦交通和数字基础设施部计划实施一项提高该国农村地区移动通信网络覆盖率的全面战略，具体举措包括简化基站部署的审批手续，开放公共基础设施以协助运营商部署网络。**在资金方面**，德国政府于2015年10月宣布投入27亿欧元，已在2018年前实现全民普及50Mbit/s宽带。德国政府在2016年发布的《数字化战略2025》中指出，要设立100亿欧元的农村地区千兆光纤网络建设专项基金，重点解决农村光纤网络建设资金不足的问题，并鼓励和引导各类社会资本参与农村宽带网络基础设施的建设。

德国企业通过网络共享、产业合作等方式改善农村地区的网络覆盖情况。2017年，德国运营商BBV携手中兴通讯和投资管理公司Bouwfonds为德国网络欠发达地区建设面向未来的高性能光纤网络。其中，BBV负责营销和运营，中兴通讯负责提供最新技术，中兴通讯德国分公司负责建设，Bouwfonds为所设立的二期通信基建基金提供资金。设立Bouwfonds二期通信基建基金的目的是在基础设施薄弱的农村地区投资，将零散的网络整合为一张综合性的区域光网，为家庭和商业用户提供高速的网络服务。2019年11月，德国电信、西班牙电信以及沃达丰（Vodafone）签署了意向书，将联手建设和运营6000个新的移动基站，以扩大德国农村地区和交通线路的移动网络覆盖。德国第四大网络运营商1&1 Drillisch也受邀参与了共享网络的建设，各运营商将建设同等数量的新站点，在基站上部署其天线和网络，并在相同条件下享有同等使用权。

2. 农业信息化

德国农业发展所需的基础设施比较发达，气候适宜，水资源丰富，但是土地资源和农业劳动力资源相对不足。2017 年，德国农业人口仅有 61.7 万人，约占劳动力总数的 2%，且德国劳动力老龄化较为严重，60 岁以上的老年人约占总人口的 29%，生育率仅为 1.5%。在此背景下，德国提出了"农业 4.0"概念，利用互联网、物联网、大数据等现代信息技术改善农业全产业链，最终实现农业生产的智能化与精准化、农民的专业化和职业化、农村的生态化与城镇化。从整体来看，德国农业信息化在欧洲属于领先水平。

德国极为重视农业信息化技术的研发和应用。德国在开发农业技术上投入了大量资金，由德国软件供应商 SAP 公司、德国电信等大型企业牵头研发"数字农业"技术。根据德国机械设备制造业联合会的统计，德国 2012 年在农业技术方面的投入为 54 亿欧元。德国还非常注重模拟模型技术、计算机决策技术及精准农业技术在信息化中的开发和应用。例如，**在基础信息数据获取方面，**德国拥有先进的遥感技术、地理信息系统和卫星应用系统，为制定农业相关的补贴政策和发展精准化农业提供了可靠的技术保障和数据支撑；**在农田生产管理方面，**通过室内计算机自动控制系统控制大型农业机械，使其精准完成播种、施肥、除草、畜禽精准投料饲喂等多项功能；**在农业服务方面，**计算机决策系统可以为农民提供市场咨询，例如，为小麦选种、施肥条件确定等评估，帮助农民实施科学化耕种。

案例9：德国巴斯夫集团提供数字化解决方案和实用性建议

德国巴斯夫集团成立于1865年，从制造染料产品起家，目前，其业务范围覆盖化学品、材料、工业解决方案、表面处理技术、营养与护理、农业解决方案六大领域。巴斯夫集团2018年的销售额已达到626.75亿欧元。其中，农业解决方案领域销售额达到61.56亿欧元，占比接近10%。巴斯夫集团2018年业务销售额占比如图5-9所示。

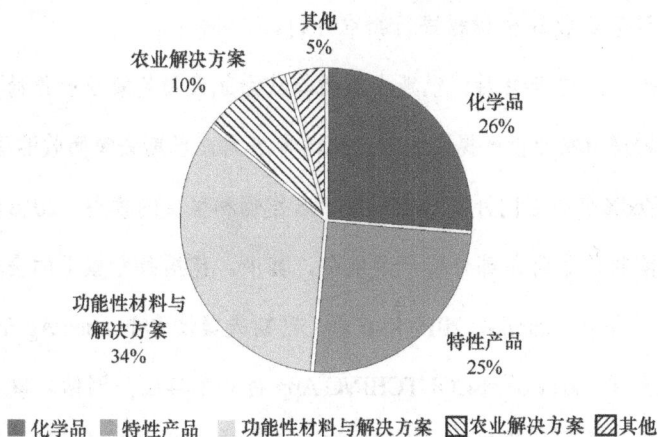

图5-9　巴斯夫集团2018年业务销售额占比

巴斯夫集团于2016年推出了在线应用程序——Maglis，该平台可帮助农民管理田地，并针对如何种植及推销农作物方面提供合适的决策方案。农民可以制订个性化的田地和农作物管理计划，实现风险管控并提高产量。Maglis提供了3种工具。**一是Maglis客户导航。**该工具有助于巴斯夫集团的销售团队在农田与农民之间交换数据。获取数据后，销售团队可以利用该工具为农民提供定制计划，解决农民们关心的农作物优先选择项，例如，产能优化、风险降低以及效率提升等。**二是 Maglis 农作物计划。**该工具可以监测并管理大田活动。明确计划播种的时间后，Maglis 农作物计划可以查看并连接当地气象、土壤条件和杂草、病害、害虫警告等信息。**三是 Maglis 可持续性评估。**该工具展示了与商业盈利性、土壤健康、生物多样性等可持续发展的主要因素有关的不同农业操作带来的影响，旨在帮助农民高效利用资源，对种植计划到收获全过程进行精准分析。

此外，2017 年 2 月，巴斯夫集团与欧洲航天局签署了合作协议，利用卫星数据为农业生产提供服务。2017 年 5 月，巴斯夫集团收购了 ZedX 公司，ZedX 公司专门开发农业气候、农作物和害虫的模型。2018 年，巴斯夫集团收购了拜尔部分资产及业务，其中，包括拜尔旗下的全套数字化农业平台——xarvio。2019 年 6 月，巴斯夫集团和 Nutrien Ag Solutions 达成了合作，xarvio™ SCOUTCHING App 将登录其门户网站。该 App 采用了先进的人工智能算法，通过机器学习和数据共享帮助种植者准确识别田间杂草和病虫害。

德国形成了较为完善的农业信息服务体系。**一是服务体系队伍健全。**德国从联邦、州到地方，以及协会、联盟、大学、科研单位到农场，都有机构和人员从事农业信息服务方面的工作。**二是信息采集系统完善。**德国在基础信息数据获取方面，拥有先进的遥感技术和地理信息系统。同时，联邦、州、地方及农业企业依法承担了信息报送与发布的任务。**三是服务**

覆盖面广泛。德国提供农业服务的组织多样化，包括联邦、州农业部门、各类涉农科研单位、农民合作组织以及新闻媒体等，可为农业企业和农民提供包括政策制定、数据分析、技术研发、经营决策及技术推广等农业信息服务。农民和农业企业均可通过网络、电话、媒体等方式得到各类机构和组织提供的信息服务。

德国政府重视对农民的培训和提高农民素质。德国政府重视对农业、农业研究开发和农村教育项目的长期投资，例如，20 世纪末，德国就开始推行"21 世纪信息社会中的创新与工作岗位"行动计划，把培养农业专业人才纳入政府长期投资和财政预算中。德国政府在农业院校、农业职业学校开设了计算机及信息化课程。农民不仅要经过系统化教育或严格的职业培训和进修，还要经过考核才能具有从事农业生产的资格。德国政府构建了实用高效的农业教育培训和技术推广体系，通过教育立法来推进培训工作的实施。在农业信息技术培训方面，培训种类多样化，培训内容渗透到农业生产和经营管理的各个环节。通过教育和培训，农民越来越专业化和职业化，除了可提供粮食、食物之外，还可以利用条件发展生物能源、再生原料等产业，农民收入得到了大幅提高。德国联邦统计局资料显示，德国农民年收入超过了 3 万欧元。

3. 农产品电子商务

德国作为欧盟最大的经济体，其农产品电子商务的发展也位居世界前列，并且在近些年呈现高度信息化、专业化、全程化的发展特征。欧盟统计局网站和《2016 年德国 B2C 电子商务报告》数据显示，德国初级农产品电子商务的网上交易额从 2012 年的 95.66 亿欧元增长到 2016 年的 172.82 亿欧元，年均复合增长率为 15.94%；食品电子商务零售交易额从 2012 年的 7.91 亿欧元增长到 2016 年的 14.26 亿欧元，年均复合增长率为 10.32%，农产品电子商务整体规模呈现不断扩大的趋势。2012—2016 年德国农产品电子商务规模变化情况见表 5-7。

表 5-7　2012—2016 年德国农产品电子商务规模变化情况

年份	2012	2013	2014	2015	2016
初级农产品电子商务网上交易额 / 百万欧元	9566	12129	13620	15431	17282
食品电子商务零售交易额 / 百万欧元	791	1002	1125	1274	1426

德国农产品电子商务的发展实践有以下几点经验值得借鉴。

德国政府在保障农产品电子商务的健康有序发展中发挥了重要作用。在政策方面，2012 年德国为促进中小企业经济发展，专门拨款 190 万欧元对电子商务进行补贴，主要为电子商务平台建设、行业标准制定、信息风险防范以及数据库建设等提供资金支持。**在法律法规方面**，德国政府针对食品安全、电子商务、消费者权益保护、经济市场运营等方面制定和完善了相关法律法规和政策制度。例如，针对食品安全问题，德国政府制定了《食品法》《食品和日用品管理法》等，此外，德国政府实施了欧盟相关法律法规和条例，例如，《通用食品法》《消费者食品信息条例》等；针对电子商务和信息服务，德国政府制定并颁发了《网络及其他电子交易规定》等。**在市场监管方面**，德国农产品电子商务主管部门是德国联邦消费者保护和食品安全办公室（BVL），其负责制定全国性的行业监管法律法规，并指导各地方政府做好市场监管。德国网络农产品销售商都要到工商主管部门进行登记与注册，并接受该部门日常检查和评估。BVL 与地方政府合作，对日常消费品以及烟草、饲料等电子商务活动进行监督。德国电子商务监管中心负责德国境内电商市场监督和管理，同时接受消费者的投诉和举报，处理各种违法违规的电子商务活动。德国还建立了"农产品质量等级分类标准"，对符合条件的在线农产品电子商务商家进行信用等级评分，评分越高则说明其具有较高的信用标准。

德国充分发挥了农产品电子商务相关行业组织的作用。一是为农产品生产、消费等主体提供维权服务。 德国农产品行业协会与互联网信息协会、无线通信行业协会、商务展览经济协会、物流行业协会、消费者权利保护中心、互联网购物消费者联盟等开展合作，为网络消费者提供法律咨询，并受理各种网络交易纠纷案件。**二是由行业协会、组织为农产品服务商和消费者提供电子商务服务。三是进行行业内部的自我约束和管理。** 德国商务促进委员会通过设定相关标准和规范，对商家和企业进行考核评估。若发现商家和企业有弄虚作假的行为，将上报给相关部门进行处理。**四是发挥行业协会的数据整合优势。** 德国政府将农产品按照类型、品种进行划分，将其交给相关部门分别管理，并定期对产品的类型、数量、价格等信息进行集中统计，促进农产品电子商务的持续发展。

4. 乡村发展计划

德国乡村面积广大，并且实现了与城市的无缝对接。德国农业部数据显示，德国约 4400 万人生活在乡村，占德国总人口的一半左右，德国乡村地区不仅有农业，还是中小制造企业、服务型企业及手工业者，是德国发展新能源和技术研发的重要阵地。

　　德国政府多管齐下推动实现乡村发展。在政策方面，2015 年起，德国农业部开始实施"联邦乡村发展计划"。该计划由德国农业部主导，其顾问委员会联合德国农林生态领域权威研究机构——图能研究所共同拟定乡村发展计划。德国农业部同时还成立了专门机构——乡村发展能力中心，具体负责乡村发展计划的协调和落实，并听取顾问委员会的咨询意见。该计划包括五大类政策措施：模式和示范项目、示范区、竞赛、对话、研究支持与知识转化。例如，数字乡村计划旨在通过扶持基层乡村数字化创新应用项目，利用数字化来改善乡村民众的生产生活。德国政府采取的行动还有"地方经济结构优化"行动、"小城镇—跨地区合作及网络"计划等。**在资金方面，**德国政府基于欧盟的农业政策框架，在 2014—2020 年投入了约 176 亿欧元支持乡村发展，其中，94.4 亿欧元来自欧盟，81.6 亿欧元来自德国联邦及地方政府。

荷兰

荷兰是典型的人多地少、资源匮乏、都市农业主导的国家。荷兰的耕地面积不到我国的1%，人口总数为1600万，农业就业人口为22万。针对人口密度大、可耕地面积少（人均耕地面积1.9亩）和全年日照时间短的环境条件，荷兰以提高土地利用率和农业附加值为目标，大力发展高标准的温室农业，借助信息化技术对园艺、养殖等进行高效管理，实现农牧产品生产的高产、优质和安全，使其成为除美国之外的第二大农业出口大国。荷兰中央统计局数据显示，2018年，荷兰农产品出口额达到903亿欧元，占全部商品出口总额的18%。

1. 农业信息化

在农产品的种养殖方面，基于智能化系统，可实现智能补光、智能配肥、智能喷灌、智能供料等，大大提升了生产效率，实现了农产品的高产量、高质量；荷兰还基于大数据技术进行农作物的防控保护工作，依据田间监测大数据、病虫害大数据等加强防治，进行源头管控，保证农产品的安全和绿色；利用设施农业物联网技术，实现智能化节水控水和温室环境的自动化控制，基于机器人学习的温室黄瓜自动采摘机器人、基于物理的温室知识模型和多幅图像的水果自动识别与计数控制器等农业生产智能化技术产品得到了发展应用。**在农产品的销售方面,**荷兰将物联网技术应用于农产品的物流配送环节,实现农产品的实时存储发送,满足农产品对保鲜的高要求。荷兰具有完善的物流配送体系,特别是具有先进的冷链物流基础设施,为农产品的运送提供了良好的保障。**在农业管理方面,**荷兰应用全球定位系统、无人机等收集农田信息,实现对农田的精准、高效管理。目前,荷兰已有 80% 的农民使用了 GPS 系统进行农田信息的获取。荷兰在养殖场(小区)采用计算机自动化管理信息系统,以奶牛为例,该系统对奶牛编号、存档、生长发育、奶产量、饲料消耗、疾病防治、贮藏、流通和销售等环节进行全程监控,实现农业生产经营全过程自动化、机械化。

案例 10:荷兰 Nedap 公司利用 RFID 技术实现智能化养殖

　　Nedap 公司成立于 1929 年,总部位于荷兰东部的格伦洛,是世界上第一家研发、生产及应用智能化母猪群养管理系统的厂商。Nedap 公司推出了 Nedap Velos 智能化母猪饲养管理系统[2],为猪场的高效化管理搭建了功能性平台。该系统为养猪企业提供了完整的解决方案,实现了企业的高效管理。Nedap Velos 智能化母猪饲养管理系统如图 5-10 所示。

2　Nedap Velos智能化母猪饲养管理系统[J]. 中国畜牧业, 2011(2):94.

图 5-10　Nedap Velos 智能化母猪饲养管理系统

Nedap Velos 智能化母猪饲养管理系统主要有以下几个方面的特点。**一是实现了整个饲养过程的高度自动化控制**。该系统由自动单体精确饲喂器、自动发情监测器和自动分离器三大部分组成，采用群养的方式饲养母猪。此外，Nedap Velos 还为每头母猪配上了电子耳标，即属于母猪自己的身份证，每头母猪的详细情况都可以通过身份证查询到，方便猪场管理是掌握每头母猪的第一手信息。**二是生产效率高。**据了解，使用该系统的荷兰猪场每头母猪年提供断奶仔猪 24 头以上，母猪的利用年限平均提高 1～1.5 年，并且该系统的自动化管控避免了人为因素对养猪生产造成的影响，使饲养的整体经济效率大幅提高。**三是饲养过程充分考虑了动物福利的要求。**通过自动饲喂系统的应用，Nedap Velos 实现了在大群饲养条件下的个体精确饲养。另外，猪场还可以通过播放音乐等方式来为猪提供舒适的生活环境。**四是实现了数据管理的高度智能化。**该系统依据已设定的饲喂曲线精确饲喂单体母猪来控制母猪状况，并自动生成单体母猪日采食数据等信息存档于计算机，对于母猪群体每一个阶段的生产状况，系统还可以通过中心控制电脑进行辅助分析并制作各种生产报表，为猪场管理者提供群体数据。母猪舍各功能区域平面如图 5-11 所示。

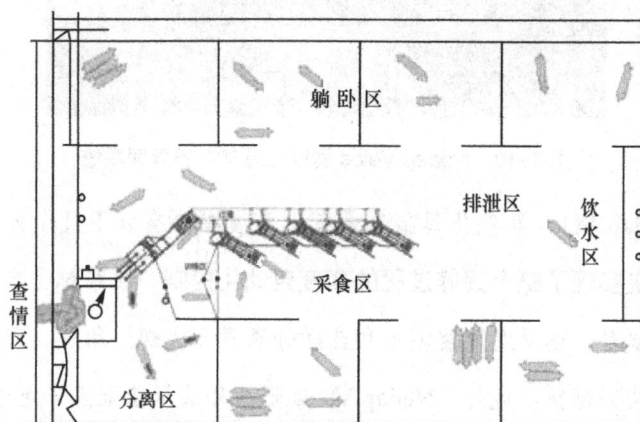

图 5-11 母猪舍各功能区域平面

2. 农业技术服务

荷兰对农业科技发展极为重视。荷兰全国教育和研究经费占到国家总预算的 19.1%，远高于其他部门，而农业科研则是其中的重要领域。2008 年，荷兰政府农业研发支出达到 4.11 亿美元，明显高于英国等其他欧洲大国。此外，荷兰建立了以瓦格宁根大学与研究中心（Wageningen University&Research）和企业相辅的研究体系。瓦格宁根大学是目前世界农学领域的技术领航大学，主要研究领域包括科学基础研究和应用技术研究两大体系。

荷兰建立了完善的农业技术服务体系。荷兰农业部管理了一个集教育、研究和推广为一体的协同服务系统：教育工作由瓦格宁根大学、农业高等院校、农业职业培训机构等单位承担；研究工作由瓦格宁根大学、各大研究所、职业农民和私立研究所承担；推广工作由政府农业咨询服务机构、农民联盟咨询服务机构以及农业合作社咨询服务机构完成。这种服务体系有效整合了资源，为农业科技发展提供了便利。

以色列

以色列国土面积狭小，仅为 2.2 万平方千米，土地资源少且贫瘠，沙漠占国土面积的 60% 以上，农业用地仅占国土面积的 24.7%，人均耕地面积仅为全球平均水平的 20%，降雨量稀少，人均可再生淡水资源仅为世界平均水平的 1.5%，是全球水资源最匮乏的国家之一，而且农村人口仅为全国总人口的 7.8%[3]。虽然这些不利因素给农业发展带来了阻碍，但是以色列致力于发展高科技农业，积极克服了不利因素，进而成为农业强国。

1. 农业信息化

以色列农业的高速发展以及现代化的建设离不开先进的信息技术。信息技术在农业精细化管理、农业生态环境监测以及农业可追溯系统建设等方面发挥了重要的作用，为提高以色列农业生产效率提供了巨大的帮助。

在农产品栽培方面，以色列在农业生产过程中主要应用防暴网、遮阳网和防虫网等技术。防暴网可以根据预测的环境变化将暴风雨等自然灾害带来的损失降到最低。**在农业环境监测方面**，以色列主要应用生物传感技术。该项技术是将传感与计算机技术相结合，自动监控农作物的生长环境，

3　前瞻产业研究院 [OL]. 2018-10-15.

根据农作物的生长状况及环境变化，及时在计算机上分析相关数据，生产者可以依据该数据适时采取各种耕作措施。**在农业灌溉方面，**以色列运用物联网技术打造了一套滴灌节水系统。该系统由计算机控制，依据传感器传回的土壤数据，决定何时浇水以及浇水量，并远程监测与判断，这一系统既为农业生产节省了稀缺的水资源，同时也节约了人力成本。**在农产品储运方面，**以色列主要通过物联网技术实现农产品存放保鲜和农产品包装的规范和监管，形成了一套世界领先的农产品可追溯系统。机器自动包装和利用 RFID 技术为商品标识，大大提高了产品储运效率，使易腐农产品在 24 小时内到达销售商手里。

案例 11：耐特菲姆研发数字农场平台

1965 年，耐特菲姆公司（NETAFIM）在以色列的内盖夫成立，是滴灌技术的发明者。经过 50 多年的发展，耐特菲姆已经成为精准灌溉领域的领导者、全球最大的灌溉企业。该公司主要向农业、温室、园林景观及矿业等行业提供精准灌溉综合解决方案。目前，耐特菲姆在全球拥有 29 家子公司，17 家工厂，近 5000 名员工，在 110 个国家开展业务。

耐特菲姆打造了集监测、控制、分析等多项功能于一体的智能水肥一体化系统平台。2019 年 2 月，耐特菲姆在新品发布会上推出了新一代数字农场管理平台耐碧特（NetBeat），该平台利用物联网、传感器、云计算等技术，整合了主控单元、田间终端、云端软件、动态农作物模型、传感器、水肥系统，使用户可以实时跟进农作物的生长阶段，它可以提供灌溉及施肥建议，根据农作物的生长情况进行灌溉策略的调整。耐碧

特（NetBeat）田间终端如图 5-12 所示，耐碧特（NetBeat）平台传感器

平台传感器如图 5-13 所示。耐碧特（NetBeat）的主要构成部分及功能

见表 5-8。

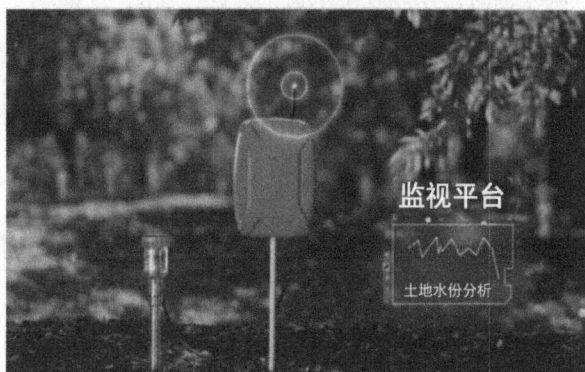

图 5-12　耐碧特（NetBeat）田间终端

土壤传感器——多深度参数复合型　　　　　土壤传感器——张力型

土壤传感器——水分温度型　　　　　　耐碧特气象站

图 5-13　耐碧特（NetBeat）平台传感器

图片来源：耐特菲姆公司官网

表5-8　耐碧特（NetBeat）的主要构成部分及功能

构成部分	功能
主控单元	整合了多种功能以方便农场主进行各种田间控制
田间终端	连接传感器，自主激活各类输出设备（阀门、水泵、施肥器）
云端软件	部署在 AWS 服务之上，为农场主提供在移动终端上管理农场的便利，并能为潜在需求提供拓展计算的能力
动态农作物模型	结合气候数据、传感器和农场主输入信息，跟踪农作物生长阶段
传感器	精准地采集土壤、农作物、气候、环境和水利条件等信息
水肥系统	耐特菲姆研发了多套水肥系统，满足了农场主在不同种植环境下的灌溉和施肥需求

耐碧特（NetBeat）是耐特菲姆在灌溉行业的突破性创新，具有五大技术优势。一是统一的集成平台。对农作物生长的实时监测、智能分析和控制均在一个闭环的云平台上进行。二是动态的农作物模型。该平台可以根据农作物的实际生长情况给予灌溉与施肥建议。三是以用户体验为导向的操作界面。该平台的界面是根据农场主的实际需求开发的，设计精简、友好且能满足用户多方面的需求。四是强大的云端技术。基于云端的软件可以整合第三方数据，能够远程接入进行技术支持与升级。五是模块化灌溉系统。该平台可以根据不同的需求、预算及操作水平提供定制化解决方案，这种设计也为后期平台的升级扩展提供了便利。

2. 农业技术推广

第二次世界大战后，以色列逐步建立了由政府农业推广、私营农业推广、农业专业协会、农业教育培训机构等组成的有效农业推广体系，确保农业科技成果迅速运用到农业生产、加工过程中，提高了农业的科技含量，取得了不凡的农业发展成就。以色列农业技术推广体系及其建设的鲜明特点体现在建设主体、组织结构和推广方式等方面。

在建设主体方面，以色列政府一直是农业推广体系建设的核心主体，该体系所需的经费大部分由政府财政拨款，大约只有10%的经费来自农业生产者。以色列农业部管理着30多个农业科研机构，农业推广人员大都隶属于这些机构。这既有利于加强农业推广体系建设，又有利于农业推广工作的全面部署和展开。**在组织结构方面**，以色列形成了以政府农业推广机构为主，私营农业推广组织、农业专业协会和农业教育培训机构等社会相关组织为辅的"一主多元"的农业推广组织体系。**在推广方式方面**，以色列农业推广方式多种多样：一是区域性农业推广服务中心派专业人员到农场田间和果园现场示范；二是针对农民生产过程中的实际问题，通过全国农业技术推广网络系统由专家提供技术咨询服务；三是推广机构利用宣传册、录像带或培训班等方式推广和传播农业知识；四是由区域性农业推广服务中心有偿对采用试验新品种和新生产技术的示范性农民提供全程跟踪式的专业服务。

3. 农业人才培养

以色列农业劳动力占总人口的比重较低，但素质普遍较高。2014年，以色列农业劳动力占人口总比重仅为1.7%，而该数据在我国为36.7%。以色列人受教育程度普遍较高，农民中具有大学以上文化程度的占比接近50%。以色列农业劳动力在从事农业劳动过程中仍在不断提升其技能水平。

以色列希伯来大学是主要的高科技农业人才培养中心，该大学特别设立了农业、食品和环境学院。以色列政府每年会投入大量的资金给希伯来大学农学院来支持以色列农业科技研究。目前，农学院的农业教育涵盖面广泛，涉及农业的各个领域，包括农作物的良种培育、农业化学制剂、食品生产工艺、食品安全科学等。同时，农学院为配合以色列的农业发展，还针对农产品市场进行了研究，这使大批农学院的毕业生有着很强的市场意识。强有力的人才培养措施使以色列在农业科技国家竞争中一直处于领先地位。

以色列农业部的专门研究机构也是农业技术的创新主体，下设水土、农业技术、种植、园林植物和花、农作物和储藏等研究所。这些研究所中的专业研究人员、技术人员与农民紧密配合，在加快科技成果转化和推广的同时，帮助农民不断提升其科技水平，以适应现代农业发展的需要。

4. 政策支持

在以色列建国初期，以色列政府就在国家农业规划中提出了"大力兴农，实现自给自足"的指导方针。70年以来，以色列历届政府都从政策、财政、信贷等方面为农业发展提供支持，以色列政府严格的水资源管理也倒逼以色列农业走上了现代化道路。

以色列对农业的财税扶持主要通过两种形式实现。一是直接对农业的投资，包括农业投入补贴、农业保险补贴、国内市场资助、意外灾害补贴等。二是间接对农业进行资助，以色列政府在1984年通过了《农业投资鼓励法》，向农业领域内具有一定条件的投资项目提供一定比例的投资补贴、减免税额、设立农业开发风险基金等，以吸引投资。该法案还规定，各地政府要组织专业技术人员负责农业项目研究；国家财政对主要用于出口、科技含量高的农业项目投资 30%；若农业企业购买大型农业机械设备，政府会给予购买价格 40% 的补贴。

以色列政府严格的水资源管理倒逼以色列农业走上了现代农业发展的高科技之路。 1959 年，以色列陆续颁布实施了《水法》《水计量法》《水（钻井）控制法》《经营许可法》等一系列法律法规，从立法角度保证严格执行水资源保护措施。以色列政府利用经济杠杆来奖励节约、惩罚浪费，这迫使以色列农业进行技术开发和革新，实现有效节约用水的目标。以色列"沙漠温室"技术、优良种子选育技术、节水灌溉技术、废水循环利用技术、微咸水灌溉技术处于世界领先地位。这些先进技术在农业上的应用，使以色列的农业灌溉用水连续 30 年稳定在 13 亿立方米，而产出与建国初期相比却增长了 12 倍。

巴西

巴西的农业资源、土地资源、生物资源都比较丰富，农牧业是其支柱产业。与其他金砖国家相比，巴西的耕地面积虽然较少，但产值相对较高，这主要受益于巴西自 20 世纪 60 年代起就开始推行的农业科技计划，充分发挥了农业信息技术的作用，促使巴西凭借其地理优势成为世界上农业生产和出口大国。

1. 充分发挥信息技术的作用

巴西积极促进农业技术在农业发展中的使用。巴西作为发展中国家，自 20 世纪 90 年代起，就积极向发达国家学习，引进信息技术，建立人工信息库，开展信息化施肥和土地信息化管理。同时，在使用现代信息技术的过程中，巴西结合本国农业发展的实际情况，进行了技术革新，实现了现代信息技术与巴西农业有效的结合。在过去的 10 年里，巴西拖拉机的使用量增长近 50%，农作物灌溉技术的使用量增长 52%。另外，农业部门积极推动与农业科技企业的合作，农业智能助手、农场管理、无人机等技术也在逐步发展。

案例 12：Solinftec开发人工智能助手整合处理数据

位于巴西圣保罗的 Solinftec 公司于 2007 年成立，该公司开发了人工智能助手 Alice 用于整合和处理来自机器人、气候监测网站和其他大数据来源输入的数据。

Solinftec 公司最初的产品是围绕甘蔗种植的需求而产生的，现在同样适用于大豆、玉米和棉花的种植。使用者只需要一套智能农业设备，并在田间部署一些传感器，就可以利用 Alice 智能助手对农场的数据进行分析，得出一个模拟农场。Solinftec 公司的技术目前已经应用于约 $6.47×10^4$ 平方千米的农田，监测 2 万件设备，每天管理 10 万多名活跃用户。该公司称，其占据了巴西 65% 的甘蔗种植市场，客户包括拥有世界上最大遥测系统的国际甘蔗种植公司 Raizen。此外，Solinftec 公司还进行了全球扩张，该公司计划在普渡大学附近投资 5060 万美元建立美国总部。Solinftec 公司的人工智能助手 Alice 如图 5-14 所示。

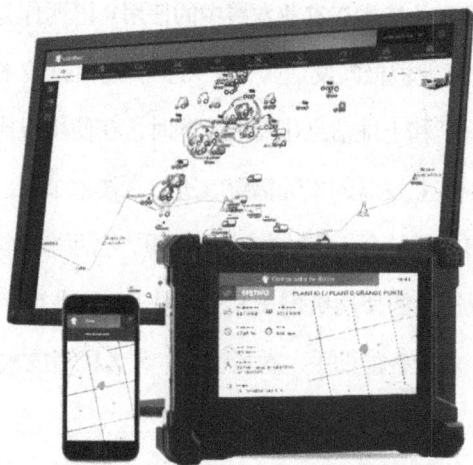

图 5-14　Solinftec 公司的人工智能助手 Alice

图片来源：Solinftec，35 斗

案例13：InCeres开发基于云计算的土壤肥力解决方案

在新兴农业市场中，农民经常会使用喷雾剂，这样做存在用错肥料的风险，对农作物的产量产生不利的影响。InCeres 公司成立于 2014 年，该公司利用超过 5×10^4 平方千米的土壤作为其主要数据来源并建立数据库，开发了基于云计算的土壤肥力解决方案。

InCeres 公司可以为农民提供关于土壤营养变化的信息，帮助农民实现精准施肥，并且由于 InCeres 公司使用云进行数据存储，所以用户可以很容易地在任何地方访问。目前，该公司的土壤肥力解决方案已在 5.99×10^4 平方千米的农田上投入使用。InCares 提供的解决方案的优势如图 5-15 所示。

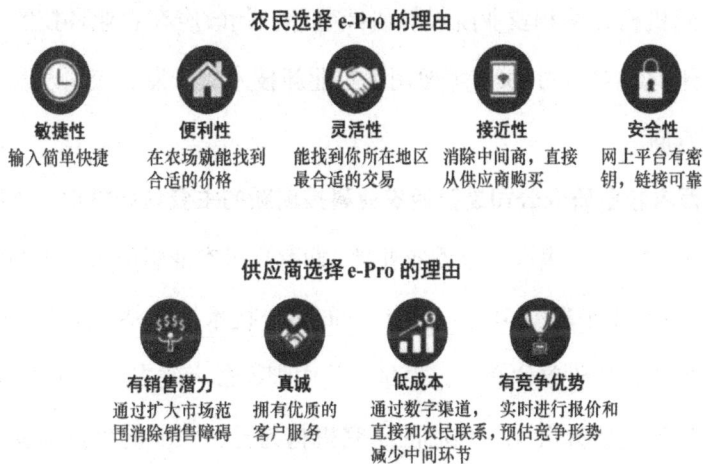

农民选择 e-Pro 的理由

敏捷性 输入简单快捷

便利性 在农场就能找到合适的价格

灵活性 能找到你所在地区最合适的交易

接近性 消除中间商，直接从供应商购买

安全性 网上平台有密钥，链接可靠

供应商选择 e-Pro 的理由

有销售潜力 通过扩大市场范围消除销售障碍

真诚 拥有优质的客户服务

低成本 通过数字渠道，直接和农民联系，减少中间环节

有竞争优势 实时进行报价和预估竞争形势

图 5-15 InCeres 提供的解决方案的优势

图片来源：InCeres，35 斗

2. 完善的农业科技创新体系

巴西农业的快速发展主要得益于巴西以政府为主导形成的农业科技创新体系，以及在农业科技创新中对农业教育和农业信息化的重视。农业科技创新体系主要由农业科技创新研究机构、成果与技术推广机构和相关农业科技创新支撑措施组成。持续不断的农业科技创新保证了巴西农业的国际竞争力。

巴西政府在整个巴西农业科技创新中处于主导地位。巴西政府通过财政资金支持和政策保障，农业科技创新体系能有效支持农业发展。巴西政府的资金支持采用联邦政府和州政府两级投入的方式。联邦政府的农业科技投入占联邦政府开支的15%，主要用于国际农业科研项目经费、农业科研机构经费和农业院校教研经费等。州政府在农业科技的支出主要占各州财政支出的2%，主要用于农业新技术的开发、应用以及农业技术服务方面。

巴西农牧业研究公司是巴西农业科技创新的主要科研机构。该研究机构成立于1973年，隶属于巴西农业部，拥有高级农业科研人员近2000人，在全国设有41个研究中心，另有3000多个技术推广站，是巴西国内规模最大的农业科研单位之一，也是发展中国家最大的农业科研机构之一。以巴西农牧业研究公司为核心的研究机构为巴西农业的可持续发展做出了重要贡献。例如，大豆技术开发、甘蔗新培育技术的应用等。该研究机构在数字农业方面的研究集中在人工智能、机器学习、自动化、区块链等方面，帮助生产者以较低的成本快速做出决策。

巴西农业科技创新成果的推广主要采用政府和农户合作社两级推广的方式。在政府方面，隶属于巴西农业部的巴西农牧业技术推广公司是进行农业科技创新成果推广的主要力量。该公司通过分布于全国各地的基层农业技术推广组织对农民进行技术指导、培训，将农牧业的新技术、新成果直接传授给农民。在农户合作社方面，多样化的农户合作社为农民提供生产资料，在为农民提供农产品分级、包装、仓储、运输、销售等服务外，还为农民提供生产技术、市场信息、经营管理咨询以及技术培训等服务。

3.积极开拓农业科技创新路径

巴西在农业科技创新中采取了开放式战略，大力发掘本国农业科技创新潜能，支持发展农业教育，并且积极开拓国外市场，促进巴西农业可持续发展。

巴西通过一系列举措推进国内农业科技创新。一是发掘巴西农业科技创新资源，鼓励科研人员进行科技创新，将实验室成果转化为生产能力，扩大农业生产规模。例如，进行优良种子品种的试验与推广、应用病虫害防治技术等。鼓励农民积极参与科技创新，将农民的需求和一线生产经验高效地传达给科研人员，经过科学研究有效转化成科技成果，再通过农民进行应用推广，形成良性的农业科技创新循环。二是大力发展农村教育，为农业科技创新提供源源不断的动力。例如，在巴西十大重点综合大学之一的坎皮纳斯州立大学建立了农业信息技术中心，主要开展农业技术及农业经济科学方面的研究，其研究成果在巴西农业科学研究成果中占有较大的比重；巴西最大的农业学院 USEELO 有近百年的历史，学校自建实验田为学生提供科技试验基地。

巴西积极开拓国际市场促进本国的科技创新。 巴西通过开展国际合作，积极与其他国家共建联合实验室，吸收和借鉴国际先进的科学技术，结合巴西本国的资源优势，提高本国的科技创新能力。例如，为提高在农业遗传基因技术和纳米技术方面的创新能力，巴西农业科学院与掌握该技术的美国于 1998 年 4 月成立了巴西—美国联合实验室，主攻甘蔗遗传基因技术，并且取得了一系列的研究成果，对于提高甘蔗的产量发挥了重要的作用。同时，为推进农业食品开发技术、动植物科学技术以及环境科学技术，巴西还分别与法国、荷兰创建了联合实验室，共同研究农业科技项目。2011 年 4 月，巴西农牧研究院与中国农业科学院成立了中国—巴西农业科学联合实验室，旨在发挥各自的科技优势，推动双方在农业和自然资源领域的科技合作，促进相关技术成果的转化和产业化应用。

印度

近几年，印度的 GDP 增长较快，是全球增长最快的新兴经济体之一。印度是著名的农业大国，农业相关产业占全国国民生产总值的10% 左右。印度和中国同为发展中国家，其软件业得到了高速发展，并且近年来互联网发展速度也较为迅猛，在数字农业农村方面走出了适合自己的发展之路。

1. 信息基础设施

印度互联网发展非常迅猛，渗透率不断创出新高，印度政府、电信运营商和非政府组织都在大力推动互联网普及。印度互联网和移动协会和尼尔森的最新报告显示，截至 2019 年 11 月，印度农村地区的活跃互联网用户数量为 2.27 亿户，比印度城市地区多10%，印度农村地区的互联网用户数量首次超过城市地区。

印度政府在农村地区的网络建设中发挥了重要的作用。印度政府于2014 年 8 月提出了"数字印度计划"，目的是建设相连的智慧城市使印度在电子制造方面自给自足，以及在印度农村地区推广宽带。2014 年年底，印度通信和信息技术部部长表示，印度的国家光纤网络工程将在 3 年半的时间内铺设 75 万千米的光纤电缆，为所有乡村提供宽带连接。该工程获得了印度电信普遍服务基金、电信部、通信与信息技术部以及印度政府的支持，建设完成后，预计将为超过 6 亿的农村居民提供便利的宽带连接。2017 年，印度政府启动了"数字乡村"项目，在农村地区新建了 1050 个无线网络点，为当地居民免费提供无线网络服务。该项目计划为期 3 年，约需 4 万亿卢比，在 2017 年完善无线网络基础设施，之后的时间为运营和维护期。截至 2018 年年底，印度政府为全国 25 万个村委会提供互联网服务，进一步推动无现金支付的发展。

印度非政府组织推动农村地区的互联网普及。2018 年 12 月，印度空间研究组织在南美洲的法属圭亚那库鲁航天中心发射了卫星 GSAT-11。该卫星是印度发起的最重、最先进的高通量通信卫星，它是一系列 4 颗卫星中的第 3 颗，旨在实现印度 100Gbit/s 的高速数据连接，即使在印度农村地区也能实现电子政务服务。GSAT-11 及其一系列卫星可以帮助印度建设基础设施，以更好地实现在线服务，例如，AR 和 VR 体验服务，还能为偏远地区提供 4K 流媒体服务。

印度企业积极推动农村地区的互联网覆盖。在电信运营商方面，印度电信运营商 BSNL 表示会加大对农村地区的基站建设，以促进农村地区移动电话的增长及宽带的普及。此外，印度当地企业还加强与科技公司合作。谷歌于 2016 年年底开始在印度农村地区测试其网络服务，已与当地无线运营商合作，为印度 1000 多座火车站提供免费的 Wi-Fi 服务。脸书（Facebook）与印度本土运营商合作共同建设了 Express Wi-Fi 项目。

2. 农业信息化

印度的农业信息化起步较晚，人均信息基础设施水平比世界人均水平低，目前，印度电话普及率为 4%，而且仅有 4% 的农民拥有个人计算机。但是，印度的软件业呈现高速发展态势，近年来，印度成为全世界软件业发展最快的国家，年均增长率一直保持在 50% 以上，远超世界软件业平均20% 的增长率水平，这为印度的农业信息化发展注入了活力。此外，印度精准农业、农业物联网等技术的应用也已经处于探索起步阶段。

印度的国家信息技术政策体系以及高度发达的软件产业带动了印度农业信息服务产业的发展。这主要体现在印度农业行情信息系统和价格监测预警应用系统在农民群体中广泛应用。其中，农产品价格监测预警应用系统是由印度国家农产品行销协会与卡纳塔克邦农产品运销部联合研发的。该系统通过安装数据库和统计软件，结合经济学模型将多种参数、多套数据植入价格预测中，为农民提供实时和未来一段时间的农产品市场价格预测分析趋势报告，提升了农产品供销市场的透明度，为广大农民降低了因价格波动带来的市场风险。对于农业信息产业的下游产业，例如，农业智能装备产业，印度也非常重视对外资的利用和国际交流合作。

精准农业、农业物联网等新技术在农业方面的应用也正在实施。印度国家农业研究管理学院于 2017 年推出了一项名为"AGRI UDAAN"的创业加速项目，主要面向食品和农业领域的初创公司，旨在帮助在农业价值链上的相关初创公司扩大业务运营范围。该创业加速项目将专注于智能农业、食品创新技术、农业物联网技术等领域，为期 6 个月。在一些城市进行项目路演的过程中，业务能力较好的农业初创公司有望获得投资。此外，印度物联网解决方案提供商 Oizom 正在利用 Semtech 公司的 LoRa 设备以及塔塔通信公司基于 LoRaWAN 的网络基础架构开发最新的 Agribot 智能农业解决方案，该解决方案旨在通过监测土壤条件（包括湿度和酸碱度）为农民提供农作物的实时信息，帮助农民在农作物灌溉和提供农作物产量方面做出更明智的决策。

印度通过积极推动与发达国家的交流合作来促进本国的农业信息化发展。 印度和美国麻省理工学院合作开发了"邮车网络"项目。该项目是把无线互联网收发器安装在公交车上，当公交车向农村行驶时，农民计算机中安装的软件会自动接通收发器上的网络，并自动更新信息。公交车的移动性可以把信息送达给众多的农民，使农民每天至少有两次机会可以了解到最新的农业信息和气象信息。

案例 14：印度农业科技创新公司 NubeSol 基于遥感技术解决农民在蔗糖业发展中遇到的痛点

蔗糖业在发展的过程中面临的挑战主要有 3 个：一是供需不对等；二是运费高昂；三是传统甘蔗测量方法过于粗放。印度农业科技创新企业 NubeSol 公司基于遥感技术，专门从事蔗糖产业生态系统转型方案的研究。

NubeSol 公司成立于 2013 年 3 月 27 日，总部位于印度班加罗尔，该公司创始人的愿景是对农业和环境产生积极的影响。该公司利用专利算法帮助工厂精确测算甘蔗地的面积，再将甘蔗地准确地划分成不

同的小块，然后通过先进的技术准确预测每一小块甘蔗地的成熟日期。该公司通过精密监测可以预测甘蔗的面积和产量；通过积极干预提高了甘蔗的生产效率和产量，还可以在减少运营成本的情况下实现糖分回收的最大值。此外，Nubesol公司还推出了安卓应用，农民可以通过该应用实现对生产和运输环节的监控。

Nubesol公司目前主要向农民提供以下3项按月收费的服务。**一是遥感技术**。通过利用遥感技术，该公司向农民提供自动化甘蔗地测量、甘蔗地面积预测以及甘蔗处理报告等咨询服务。其中，精确报告能在一开始给出，处理报告则在榨季提供。**二是农作物信息管理系统**。该系统通过遥感技术进行产量预测，基于先进的分析报告及运营指标报告，为农民提供管理农作物、土地记录、植保及相关咨询服务。**三是高效物流**。该平台在动态收获的基础上产生数据，并进行高效管理调度、监控及跟踪，并对整个运输团队进行管理。

3. 农村电子商务

政企合力推动印度农村电商发展。在政府方面，2016年4月，印度总理莫迪发布了电子贸易平台——eNAM，旨在帮助印度农民出售农产品。eNAM在几年内吸纳了585个规范的批发市场，农民可以通过该平台把农产品卖给最高竞价者。2019年，印度政府建立了价值链开发中心，拥有4～5个地方办事处，为农村工匠提供完整的价值链解决方案。**在企业方面**，印度本地电商巨头Flipkart于2019年推出了"Flipkart Samarth"项目，旨在响应印度发展农村工艺产品电商的倡议，将工匠、织布及工艺品制作连接到电子商务平台。该项目将为服务欠缺的社区开放全国市场，使其获得超过 1.5 亿且持续增长的客户群体。

印度农村电商平台持续获得资本市场支持。2020 年 1 月，印度农业电商初创企业 Ninjacart 完成了 7.183 亿卢比（约 1000 万美元）的 C 轮融资。该公司成立于 2015 年 7 月，主要业务是帮助零售商和餐馆以有竞争力的价格直接向农民购买新鲜的农产品，并支持送货上门。该公司计划利用 C 轮融资扩大客户群体，拓展新城市，并且提高当地新鲜农产品生态系统的运营效率。2020 年 6 月，印度农产品 B2B 电商平台——WayCool 获得了 550 万美元的债务融资，该公司计划利用本次债务融资获得的资金引进严格的卫生措施，并通过技术提高运输效率，加强印度南部的食品配送服务。2020 年 7 月，印度农村电商服务平台——Frontier Markets 宣布完成了近 225 万美元的 pre-A 轮融资。该公司计划利用该融资添加数字营销工具，扩大基于人工智能技术的数字化培训和开发 B2C 入门解决方案。

4. 农村信息服务

印度实施"知识信息计划"推动了农村电子政务的发展。针对该计划的实施内容，"知识信息计划"是印度实施的一项独特的电子政务计划，该计划于 1999 年 11 月开始启动，主要为达尔地区的农村及部落服务，许多当地重要的人口信息数据，例如，收入、籍贯、土地所有权等数据均被存入计算机，实现计算机化管理。该网络系统贯穿地区首府与 21 个独立运营的信息中心，而信息中心设置在比较明显的位置，多在路旁，人们进出比较方便。每个村民都可以享受原产地证书的提供、最新的农产品价格信息、当地福利等各种服务。村民还可以通过网络直接向地区高层反映各类民生情况，并进行申诉，例如，学校老师缺乏、官员渎职、使用劣质化肥等，并且申述在七天之内必须答复。针对该计划的实施方式，村议会首期投资资金约55000美元，印度政府承办建设了21个信息分中心。挑选出的服务机构、网络测试均由当地村民先试验并定期检测。操作人员由村议会从本村青壮年中挑选，再加上政府雇员共同担任。每个信息分中心定期向村议会缴纳10%的收入，收入主要来源于使用者交付的费用。这种模式有效拉近了公众和政府之间的距离，弥合了因网络设施水平的差距而带来的数字鸿沟。

国际经验的启示

从以上几个国家的数字乡村建设实践中可以看出，尽管各国实践历程不一，但是大致包括市场主体积极参与，建设高水平的信息化基础，保障、完善数字乡村法制及培养专业人才 4 个方面，这些对我国的数字乡村建设具有重要的借鉴意义。

1. 发挥市场主体的作用

从国际视角来看，在信息基础设施、农业信息化及农产品电子商务等方面的发展建设过程中，市场主体都发挥了不可或缺的作用。例如，美国政府、企业、科研机构等利用自身的资源优势，助力美国数字乡村基础设施建设、技术应用和信息供给等。

我国数字乡村建设步伐相对缓慢，在发展的过程中要形成多主体共同参与，各自发挥自身作用的格局。**一是要更好地发挥政府在数字乡村建设过程中的作用**。政府要充分发挥宏观调控作用，统筹推进信息化与农业现代化融合发展，加快提升农村信息化硬件建设和软件应用水平，引导乡村振兴战略顺利实施。政府可以加大资金支持力度，各级政府部门要划拨有关"数字乡村"的款项，成立专项基金，设置专职人员对经费的落实情况和使用情况进行监督。国家应规范化、体系化地管理农业信息化问题，例如，统一农业技术推广站。政府还要带动企业为农业信息化铺路，降低成本，加快信息通信基础设施的建设步伐。**二是要鼓励企业积极履行社会责任。**电信运营商、互联网企业等市场主体应积极发挥其在数字乡村建设过程中的重要作用。电信运营商要推进电信普及服务，切实提升农村及边远地区的信息化水平，缩小数字鸿沟。电子商务企业、互联网金融、互联网教育等企业应深入乡村，发展农村电商和农村信息服务。**三是要充分发挥相关行业组织的作用。**依托相关行业协会为农业生产、消费等相关主体提供高效便捷的维权服务、有效发挥行业协会的监督作用，规范数字乡村发展的市场环境。

2. 提高信息化技术的水平

先进的信息化技术是数字乡村建设快速发展的关键所在，世界各国在数字乡村建设的过程中都高度重视信息化技术的发展。例如，美国及时在农业生产过程中推广3S技术、自动化技术、大数据技术，大幅提高了农产品产量；荷兰借助信息化技术进行高效管理，实现农产品的高产、优质、安全；以色列现代农业科技也渗透到灌溉、施肥、种子、栽培、管理、节水灌溉设备等环节。

我国目前的农业发展还处于较为粗放的阶段，缺乏高科技的应用，在数字乡村建设的过程中，应着力推动农业信息化技术水平的提高。**一是应用信息化技术，助推农产品生产朝着产业化、品质化的方向发展。**政府要加大对农业技术研发的资金投入，加大政策扶持力度。科研部门应注重研究成果的推广应用，并有针对性地开展农业技术研究，逐步达到以科研促发展，充分发挥科技推广部门的作用，加快农业科技的推广应用步伐。**二是加强信息服务体系的建设。**创新农业信息传播方式，制订规范化信息发布机制，制定农业信息资源共享法律法规，着力解决农业信息"最后一公里"问题。构建电视、电台广播、电话、电脑和乡镇农业信息服务站，即"四电一站"农业信息服务综合平台。**三是运用科技手段有效利用水资源。**国家应当利用政策或市场等手段，鼓励农民采用喷灌、滴灌等技术，逐步取消水渠漫灌等落后的灌溉方式；尽量降低污水处理成本，鼓励支持用净化污水灌溉农田，以提高污水利用效率。

3. 强化法制保障

在发展数字乡村的过程中，各国都很注重相关法律体系的建设，及时出台农村信息化建设的法律法规，并不断根据发展形势进行政策的更新和补充，规范数字乡村的发展。例如，美国政府通过立法和执法确保农业电子商务的合法运行；针对农产品安全，日本政府出台了《食品安全基本法》《食品标识法》《农药取缔法》等一系列法律法规；德国制定了《食品法》《食品和日用品管理法》等。

目前，我国尚未出台农产品电子商务的专门法律，交易活动缺少法律监管，亟须填补这一法律空白。具体而言，应从以下几个方面入手：**一是构建促进农业农村领域信息技术发展的法律保障。**信息技术的进步是农产品以及数字乡村发展的技术支撑，政府应以法律形式明确对农业信息技术发展的扶

持措施。**二是健全农产品质量安全法律体系和农产品电子商务交易规范。**以
《中华人民共和国农产品质量安全法》为核心，完善配套的法律法规，推动农
产品质量安全标准与国际标准接轨，推动农村电子商务的发展。

4. 加强专业人才培养

国外经验表明，建设数字乡村的重要途径在于培育农民的信息素质，
鼓励其有效利用社交网络媒体等信息化手段提升劳动技能，改善生产生活。
例如，美国农业部针对乡村居民制订了远程教育培训计划；日本利用农民
易于接受的方式推广农业信息技术；德国政府在农业院校及中等农业职业
学校开设了计算机及信息化课程；以色列有 30 多家农业科学研究机构从
事基础性及应用性研究。

我国农业生产呈现劳动力老龄化的特征，农业劳动力平均年龄在 50
岁以上，并且这些劳动力受教育程度普遍较低。这不仅影响了农业生产效
率的提高，而且不利于农业创新技术的推广和应用，无法适应现代智慧农
业生产的要求。因此，提升农业劳动力整体素质和农业劳动力队伍的可持
续性，是保证我国农业能够持续健康发展的必要措施。**一是政府应该更加
重视农业从业人员素质的提高。**政府应将农业和农村信息化人才培养列入
信息化培训的总体规划，从制度层面保障培训计划的实施；加大对新型经
营主体、返乡大学生、返乡创业人员等重点人群的培训；加大财政支持力
度，鼓励龙头企业、专业合作社、物流公司等组织开展农村信息化人才培
训。**二是发挥高校及科研机构等社会力量的作用。**高校和科研机构等可为
农业从业人员提供职业技能指导，发挥教育信息化的引领作用，为乡村居

民提供网络远程教育。**三是丰富人才培训手段。**国家可以采用学校教育、继续教育、社会教育等多种途径和远程教育、线上培训等方式，加强对农业从业人员在计算机应用、经营管理知识以及农业科技等方面的培训，培养一批既懂信息技术又善经营管理的复合型人才。

我国数字乡村建设实践案例

数字乡村虽然是新生事物，但是在农业信息化方面我国已经有了多年的探索。自从数字乡村战略发布以来，全国各地更是加快了相关实践和探索的步伐，在数字农业、农村电商、农村新业态、农村网络文化、农村智慧环保、公共服务数字化、网络扶贫等领域涌现出一批可以借鉴的数字乡村建设实践案例。

数字农业

　　农业是农村经济社会发展的立足之本，推动农业的数字化转型是数字乡村的重中之重。数字农业的发展核心是不断加强新一代信息技术与农业生产的融合，利用大数据、物联网、人工智能等技术对农产品的生产经营过程实行智能化、精准化的监测、调控，实现更加精准、高效的农田管理、种植养殖、防控保护，提升农业生产效率，使农产品质量更优，生产更安全。

案例 1：上海农科院通过数字化手段提升农产品效益[1]

　　上海市农业科学院农业科技信息研究所与上海江链网络科技有限公司经过合作研究，将物联网技术、光谱分析技术、智能控制技术、安全追溯技术等有效应用到葡萄的种植过程中，推出了可复制推广的马陆葡萄绿色标准化种植方案，为葡萄的生长构建了有"数"可依的葡萄品质评价技术。消费者还能扫描葡萄果串中的二维码标牌，全面直观地了解该葡萄的产地、品质、生长情况等信息，不仅能看到施了什么肥、打了什么农药，还可以远程看到葡萄的整个生长过程。

1　施韫赟. 市农科院牵手农业企业将信息技术转化为农业效益[N].东方城乡报，2019-12-03（04）.

"侬有数"智能＋生产管理云平台让葡萄生产趋于标准化、精细化

嘉定马陆"23°"葡萄种植基地是上海市农业科学院农业科技信息研究所与上海江链网络科技有限公司开展智慧农业技术合作的示范基地。我们在基地可以看到，由摄像头、各类传感器组成的一张密网，时刻监控着葡萄的生长情况，能够实时全面地采集和记录基地的空气温湿度、光照强度、二氧化碳浓度、土壤温湿度、土壤 pH 值、土壤电导率等环境参数。通过"侬有数"智能＋生产管理云平台，专家可以通过数据、图像和视频形式实时监测葡萄的生长环境和葡萄的生长情况。经过管理云平台数据分析后，平台会以手机短信的形式，第一时间向种植户推送农情提示、预警信息及决策建议。同时，种植基地现场的实时数据和视频会议会以微信公众号的形式推送给消费者、种植户和农业专家。以马陆葡萄为例，通过前端设施环境和葡萄长势相关基础数据的采集，融合管理云平台的葡萄绿色标准化种植方案，建立基于物联网和植物表征的智能决策支持系统，能够实现葡萄标准化种植管理，并对种植管理进行全过程记录。

葡萄溯源系统实现全程管理扫码可见

上海江链网络科技有限公司的相关负责人表示，每一串葡萄在结果初期就会被挂上"RFID＋二维码"的溯源标牌。随着葡萄逐渐长大，这个标牌会牢牢镶嵌在果粒之间，藏在果串中，只有在消费者剪落果粒后才会显露出来。消费者还可以通过手机扫描二维码了解这串葡萄全部的生长情况。同时，二维码信息在二次扫描后就会失效，可以有效避免造假和复制，保证信息真实有效。葡萄疏粒后，每一串葡萄都会被赋予唯一的溯源码，使用葡萄溯源系统可以查看每一串葡萄的生长过程。同时，RFID 的应用也能方便田间管理。农事作业情况都能被实时记录，出入库可以实现非接触式盘点，节省了人力成本。

该葡萄追溯系统在技术上已经完全成熟，将有望应用到葡萄产业其他合作社、农业大户的自主生产中。值得一提的是，农户所要承担的标牌成本仅为 1 元/串，其生长信息可以借助双方合作打造的数据平台生成。有了溯源标牌，葡萄的生长路径清晰可溯，优质的产品扫码可见，在取得消费者信任的同时也能为农户带来更高的收益。

案例点评

双方通过应用信息化手段，将新一代信息技术应用到葡萄的生产经营过程中，提升了葡萄的品质和安全水平，扩大了品牌的影响力，提高了葡萄种植的经济效益。一方面，双方合作开发的"马陆葡萄绿色标准化种植方案"实现了葡萄种植的智能化管理，在节约人力成本的同时也促进了葡萄品质的提升；另一方面，基于"RFID＋二维码"溯源系统，保证了葡萄生长的全程在线可追溯，有助于在广大消费者中树立健康、绿色、无公害的品牌形象，提升了马陆葡萄的品牌价值。同时，该方案还充分考虑了应用成本问题，不断探索开发更低成本的溯源监测技术与产品，让新技术能真正落地应用，让利于农。

案例2：广东省英德市通过农用无人机助力春耕[2]

引进无人机种植，实现高效播种耕种

为补齐水稻机械化播种的短板，2019年英德市率先在清远市引进水稻机械精量穴直播技术和农用无人机水稻直播技术，并开展了相关的操作培训。使用农用无人机水稻直播技术可以在田间实现精量播种，播种准确、均匀，同时省去了传统种植的育秧、移栽环节，进一步节省了时间和人工成本，提高了生产效率。一台精量直播无人机，每小时可以播种三四十亩，一天可以作业300～400亩。望埠镇军田合作社水稻基地上空无人机作业如图6-1所示。

图6-1 望埠镇军田合作社水稻基地上空无人机作业

图片来源：广东省农业农村厅网站

在望埠镇军田合作社水稻基地上空，一台农用无人机盘旋作业，撒下一粒粒种子。不到一个小时，30亩地就完成了播种，这是合作社首次引入农用无人机进行水稻直播。按照往年人工种植的方法，30亩的稻田大约需要10个人劳作一整天才能完成播种，而采用农用无人机直播，除去调适

---

2 邓文燕. 农用无人机助力春耕一小时播种水稻30亩[N]. 南方日报，2020-04-02.

机器、装入种子等环节，实际上只需要花费 40 分钟就可以完成播种工作。

抓好新技术培训，财政补贴助力无人机推广应用

2019—2020 年，英德市被列为"广东省水稻机械精量穴直播技术及农用无人机水稻直播技术示范点"。为了抓好新技术的培训和应用工作，补齐农业生产"全面全程"机械化的短板，2020 年英德市计划举办农用无人机操作员培训班和水稻机械精量穴直播技术培训班，邀请有关专业技术人员、全市农机大户、种粮农户参加培训。此外，根据中央农机购置补贴政策，农户购买农用无人机可以根据不同机型申请 1.4 万～ 2.1 万元的补贴。截至 2020 年 4 月，英德市五大区域性农机合作社共购置了 16 台农用无人机。

案例点评

2020 年年初，受新冠肺炎疫情的影响，农业春耕播种受到较大的威胁。全国各地为尽快恢复春耕生产，维护粮食安全稳定，均采用了各种信息化手段积极开展农事耕作。无人机水稻直播技术就是数字农业概念落地，助力复耕复产的典型应用模式之一。一方面，使用无人机耕种，对许多农户及合作社来说，仍存在较多的技术使用困难。因此，英德市在引进无人机进行耕种作业的同时，格外注重新技术的教育与培训，让合作社更加放心地使用农用无人机。另一方面，农用无人机的耕作效率虽高，但其高昂的价格也让许多农户望而却步，为此，英德市依托中央财政的农机购置补贴政策，及时发放无人机补贴款，让高端的数字化技术真正进入寻常百姓家。

案例3：内蒙古自治区兴安盟扎赉特旗实现物联网+智慧农业服务 [3]

扎赉特旗国家级现代农业产业园于 2017 年 9 月正式获准创建，并于 2018 年 12 月通过农业农村部和财政部认定挂牌，是内蒙古自治区第一家国家级现代农业产业园，也是获得全国认定的 20 家现代农业产业园中面积最大的一个，产业园覆盖了 2 个乡镇 33 个行政村，主导产业水稻、甜叶菊的种植规模和种植技术均处于全国领先水平，种植面积分别达到 45 万亩、12 万亩。

科学技术帮助建设农业信息发展新高地

在国家农机购置补贴政策和园区培育新型经营主体购机奖补政策的帮助下，园区购买了总价值 200 万元的植保无人机、水稻收割机、1804 拖拉机等设备。同时，园区基地配备了北斗自动导航、溯源视频监控、谷物测产智能装备、精准喷药、虫情测报等智能设备，稻田的墒情、苗情、病虫害情况都能得到实时监控并进行智能控制。

产业园智慧农业示范区在好力保镇古庙、五道河子、巨宝、乌鸦站、巴岱 5 个村有 16 万亩核心示范区，目前 10 万亩农田配备了 600 套田间各类感知设备，农业示范区已转型成为智慧农场。智能设备将收集观测到的数据回传到产业园物联网+智慧农业科技服务中心，将整个智慧农业示范区，包括扎赉特旗全旗的农业大数据都汇集在这里，经过分析处理后发出指令。九大系统平台直接管控 10 万亩智慧农场，千

---

3 果成网［OL］．2020-05-11．正北方网［OL］．2019-09-02.

余套田间信息采集、视频监控终端实现科学决策，百余套农机智能装备实现精准作业，逐步替代传统耕种模式。

以创新模式，建立利益联结机制

园区开启了稻鱼、稻鸭、稻虾、稻蟹等"稻田＋"生态立体式农业共养模式，以及"我在扎赉特有一亩田"私人定制认领活动。不仅提高了水稻有机化程度，还有效减少了化肥、农药的公害，同时实现了水稻纯绿色生产，提高了稻米生产的附加值，满足了人们对有机水稻的需求。扎赉特旗国家级现代农业产业园数字化基础设施如图6-2所示。

图6-2 扎赉特旗国家级现代农业产业园数字化基础设施
图片来源：扎赉特微讯

园区采用"合作社＋农户＋龙头企业"模式，以内蒙古裕丰粮油食品有限公司和谱赛科（江西）生物技术有限公司为依托，采取农民入股和反租倒包的方式，进行统一经营，走订单农业和智慧农业之路。

园区建立了资金互助型的裕丰"助贷"模式，形成了"产业园管理中心＋担保机构＋人民银行＋商业银行"的良好合作机制，充分发挥金融资本放大和政策叠加效应。园区积极推行金融互助和期货增值等利益分配模式，在企业、合作社、农民之间建立了一条稳定的资金链，快速推动产业链发展，形成了多方共赢的利益链。

大力发展"互联网＋"

园区生产的 50 余种农产品进驻淘宝、京东和北京新发地农产品电子交易中心等电商平台，农畜产品电子商务年交易总额达到 20 亿元，同时建立了"我在扎赉特有一亩田"电商推介平台，认购者可以实现 24 小时视频监控，随时查阅档案，坐在家里收到包邮的定制农产品，形成了带动农民增收致富的新产业、新业态。

案例点评

扎赉特旗现代农业产业园在国家与地方政策改革的推动下，积极响应数字农业建设，在物联网与互联网等现代科学技术的帮助下，进行了运营模式创新。其建设战略与发展目标充分结合现代科技发展趋势，结合了互联网、物联网、人工智能等多种先进技术，帮助其实现了标准化、规范化的数字农业模式。2019 年，该园区已经形成了一条成熟的全产业链，实现了产供销一体化。同时注重挖掘产业的文化内涵，通过农旅结合、文旅融合，增加产业附加值。从刀耕火种、牛犁马拉到现代化、机械化再到信息化、智能化的高速发展，扎赉特旗现代农业产业园为我国农业的发展起到了示范作用。

农村电商

发展农村电商是利用互联网技术赋能乡村振兴的集中体现。农村电商的核心是建设畅通的农村流通服务体系。没有良好的物流体系，农产品卖不出去，农民需要的消费品也进不了农村。农村电商要取得好的发展，还需要逐步培养强有力的农产品品牌，强化农产品品牌的设计、宣传工作，充分发挥品牌效应，打造产品质量高、影响力大的农产品品牌。

案例 4：村村旺：电商平台赋能数字乡村崛起[4]

2019 年 6 月 28 日，全国首个以大数据和交易结算为科技驱动的农村电商综合服务平台"村村旺"在重庆市正式上线。该平台上线不到 1 个月，已经与全市 36 个区县、100 余个乡镇实现对接，平台注册用户 238 家，汇聚了 36 个区县千余种农副产品。重庆市供销"村村旺"电商平台正以科技创新为驱动，全力提升技术水平与运营能力，服务"三农"发展，赋能乡村振兴。"村村旺"电商平台展示中心如图 6-3 所示。

---

4 新华社，数字乡村推进实例[J].新农业,2019（16）:13-16.

图6-3 "村村旺"电商平台展示中心

图片来源: 中国网

平台扩展农产品"码"上溯源服务,让好产品自己说话

农产品流通领域的商品多为非标准产品,尤其在大宗、批量化生产时,产品质量参差不齐往往会导致纠纷和交易失败,"村村旺"农业物联网平台的一大功能就是为产品的质量把关。在"村村旺"农业物联网平台上,有为蜜蜂生产养殖提供服务的蜜蜂管家,有为水产养殖定制提供服务的渔业管家,还有为瓜果蔬菜种植定制提供服务的蔬菜管家等。小到产品溯源,大到管理提升,"村村旺"农业物联网平台可以实现"从田头到餐桌"的全程质量监控云服务。

以波尔羊养殖为例,重庆市烧烤协会在"村村旺"电商平台订购了一批波尔羊,平台接到订单后,会找到供应商组织生产养殖。从羊羔到成年羊,"村村旺"利用农业物联网平台,通过云计算、大数据、物联网、区块链等信息化技术,对波尔羊实现从羊羔到成年羊的全程监控,不仅能通过传感器探测到羊羔的成长环境,为农户提供养殖参考，还能为每一只羊羔定制可溯源耳标，只需要扫一扫耳标上的二维码，就可以掌握羊羔的出生日期、品种、生长环境、肉质评估。当波尔羊长成进行交付时，平台还将提供每一只羊的准确数据，精准把控品质。

农业物联网技术真正实现了基地环境监测、标准化养殖管理、产品质量溯源、视频直播等一体化服务，这项技术帮助农民专业合作社和个体农户积累科学的养殖经验，用科技力量脱贫增收，巩固脱贫成果，助推脱贫攻坚。"村村旺"销售的农产品如图 6-4 所示。

图 6-4 "村村旺"销售的农产品

图片来源：新华网

平台实现跨部门数据共享，解决农民融资难题

农作物的生产周期需要不断投入大量的人力和资金，农民专业合作社和农户的生产资金常常捉襟见肘，缺少投入资金成为农户致富道路上的"拦路虎"。

"村村旺"电商平台基于三证系统、数据资源融合系统、信用平台体系为银行评估借贷人的征信提供了新的解决思路。该平台将农业大数据与交易结算相结合，与公安、工商、税务、气象、法院等市级部门实现数据共享，再加上农户的种植情况、土地面积、订单数量、交易金额等一系列流通环节所生成的数据，让银行在评估征信环节有迹可循，切实助力农民脱贫致富。

平台利用大数据分析，为乡村振兴赋能

"村村旺"电商平台已经具备提供"三农"信息采集、储存、开发、处理、应用的一整套大数据的解决能力。"村村旺"重庆农村大数据中心位于重庆市两江新区水土高新技术产业园，也是中国联通西南云数据基地，CPU 总量达 624 核，存储总量 40TB，设置 16 个 IO 密集型集群节点，实现万兆互联。

从大数据应用上看，"村村旺"重庆农村大数据中心主要针对农业生产、交易、服务、金融等环节积极探索数据交易、投资孵化、精准营销、个性推荐、行情预测、农产品种植指引等涉农信息化服务，围绕农业产业链聚集数据，开展数据资产运营，建成乡村数字资源数据库，打造农业大数据生态圈。同时，"村村旺"重庆农村大数据中心着力创新涉农大数据服务模式，还可以为政府、行业主管部门、涉农企业等机构提供农产品流通价格、区域和趋势等大数据决策分析，开展农民专业合作社信用评估等服务，加快推动"互联网＋金融"向乡村延伸。

在交易结算方面，"村村旺"电商平台依托数字化交易配套结算服务系统，重点开展农产品B2B电商的交易登记、资金结算等服务，对综合服务社等平台用户进行资金闭环管理，解决农村电商的担保交易信用难题和农产品流通的供应链资金清分难题，推动农产品生产、流通和服务信息的实时交互，实现商流、物流、资金流和信息流的闭环统一。"村村旺"电商平台的价值不仅体现在供销电商的自建物流上，而且逐步成长为重庆市实现乡村振兴的重要赋能者之一。

案例点评

发展农村电商，不仅要利用各类互联网平台开设农副产品网店，而且要基于互联网思维，用活、用好网络销售渠道，切实服务"三农"。"村村旺"电商平台是发展农村电商的一种有益尝试，其自身定位不仅是一个农副产品的网上交易中心，而且是综合的农产品电子商务解决方案的提供者。"村村旺"电商平台应用物联网技术，实现了农产品生产的全程溯源，让农产品通过过硬的质量赢得了消费者的青睐。数据资源的充分挖掘，尤其是对农产品交易数据的利用，打通各部门的数据传输共享渠道，解决了银行对农户评估征信难、农户融资难的问题，切实助力农民致富。最后，"村村旺"电商平台依托重庆市本地数据产业大力发展数据分析能力，实现了农业生产、交易、服务、金融等全流程的数据收集与分析服务，进一步拓展了电商平台的功能，让涉农数据服务政府部门、涉农企业、金融机构充分挖掘电商平台的数据资源价值，全方位助力乡村振兴。

案例5：云南省凤庆县多措并举促进农村电商升级[5]

云南省凤庆县是国家级电子商务进农村综合示范县，为加快农村电商发展，凤庆县政府综合施策，加快电商服务站点建设，完善农产品品牌和质量保障体系，健全农村商贸物流体系，全方位推进农产品出村进城。2019年4月，凤庆县成功退出贫困县序列，人均GDP超过2万元。

普及电商知识技能，全面入户宣传

针对山区群众获取信息慢、接触电商少、对电商模式信赖度较低的实际情况，凤庆县政府采用进村入户的方式全面进行电商宣传和推广，组织开展了一系列电商技能培训，手把手教农户使用智能手机上网购物、上网缴费、上网办理便民事项等，让农户了解电商、触网发展。凤庆县村党组织书记农村电子商务培训班如图6-5所示。

图6-5 凤庆县村党组织书记农村电子商务培训班

图片来源：凤庆网

---

5 双春天，罗馨.凤庆县升级农村电商服务[N].临沧日报，2020-01-21.

健全电商服务站点，提供一站式服务

凤庆县政府通过"公共服务中心＋服务站点"模式形成上下联动，截至2020年年初，凤庆县建立了1个电商县级公共服务中心、13个乡级服务站点、159个村级服务站点，为山区群众提供金融、保险、物流、电信、代买代卖等一站式服务。

推广农产品在线监测，打造高质量品牌

为了保证农产品从田间到餐桌的质量品质，凤庆县推动制茶企业上线国家市场监督管理总局质量链系统，形成茶叶产品"一品一码"。同时打造了全县农特产品统一标识，注册了"顺宁有礼""凤红行天下""凤庆滇红"3个电商区域公共品牌，供县内符合网络流通标准、质量要求的农特产品生产企业和个人使用，发挥品牌的带动作用。目前，凤庆县的核桃、茶叶等农产品已经进入全国成熟的电商销售平台，做到农产品有质量、可追溯。

建成物流配送中心，打通农产品进城"第一公里"

依托凤庆亚太物流产业园建成凤庆县电子商务仓储物流配送中心，整合物流快递企业、农产品仓储配送企业和物流配送社会车辆，形成以县级仓储物流中心为枢纽，乡村两级电子商务服务站点快递收发、农产品集散为支点的农村物流服务体系。由县级物流配送中心统一配送包裹，配送线路覆盖所有的电商服务站点，县城到乡镇2天配送一次，乡镇到村3天配送一次，切实解决农村物流"第一公里"问题。

案例点评

凤庆县是我国的滇红茶叶之乡，种茶、制茶历史悠久，是我国的十大产茶县之一。依托茶叶、鸡枞菌、核桃等特色农产品的优势，凤庆县建立了立体化的农村电商体系。打破了当地茶农对电子商务销售模式的不信任与信息化技能的缺乏，这是凤庆县政府发展农村电商的突破口，通过手把手教农户认识网络、认识电子商务，让他们感受到电商模式的优势。同时，凤庆县围绕电商发展的基础需求，建立了包括信息服务、产品溯源、物流配送的全方位服务体系。"电子商务＋茶叶产业"销售模式的升级，也带动了当地农村居民脱贫致富。

案例6：甘肃省成县将电商产品升级为产业[6]

甘肃省陇南市的成县是国家级贫困县，这里工业经济差，山地较多，屡受地震影响。但成县的农产品丰富，有大约50万亩核桃林。于是，成县县委带领乡村干部一起用微博、微信推动当地的优质核桃在网络上销售。

成县的电商模式虽然比较简单，但是成县熟知自身的产品优势，积极创新销售模式，将电商作为事业普及到每家每户，解决农户产品滞销、收入无法提高等问题。成县二郎乡崖背村村支书助理的淘宝网店对接村上的25个贫困户，经过一年半，淘宝网店帮助村里的农户销

---

6 出方案网 [OL].2019-12-27.

售了 6 万多元的农产品。成县的 634 个网店中，贫困户开办网店 85 个，265 个网店与 3862 个贫困户、13255 名贫困人口建立了结对帮扶关系；农村电子商务帮助成县 3.8 万贫困人口销售了 1120 万元的农产品，贫困人口人均增收近 300 元。成县电商产品仓库如图 6-6 所示。

图 6-6　成县电商产品仓库

图片来源：成县人民政府网

"靠山吃山"是成县发展电子商务的基本思路

成县电子商务的发展模式为农户＋网商。农村淘宝网店通过高价卖出自家的农产品、低价买进所需的农资及生活用品，减轻了农民负担，增加了农民收入。2014 年，成县网店 627 家，实现销售收入 1.05 亿元。打造电子商务的全产业链，让贫困户参与了网上产品种植、产品包装运输、快递物流等全产业链，实现了就业增收。刚开始成县 1 个月收发货件仅 200 多件，现在每天收发货件 1000 多件，员工由最初的 2 人增加到 11 人，年纯收入在 10 万元以上。数据统计，成县 50 家物流快递和 20 家电商企业解决了当地 500 多人就业。成县已经建成了电商物流园一期项目，加快推进电子商务孵化园的建设。

信息富民是成县电商发展的基础

成县通过专业团队打造微博矩阵和微信公众号平台，宣传推介本地生态、文化、特色产品，形成了线上线下呼应、产业链条健全、社会分工明确、加工销售一体的电子商务发展新态势。借助微博、微信等新媒体平台宣传乡村资源，推销农产品，创办了电子党务、村务、商务、农务农村信息化综合服务平台，把互联网思维引进农村，促进农民思想观念的转变。

工程惠民帮助成县电商产业链逐渐完善

成县发展电子商务，促进农村基础设施建设，调整农村产业结构，促进农产品标准化生产，为电商扶贫工作持续、健康发展奠定了坚实的基础。在电商扶贫工作的实施过程中，成县把助推农村公共服务和基础条件改善相结合，实施了"农村道路畅通硬化工程""宽带网络覆盖工程""金融网点建设工程""农电网改造工程""快递网点覆盖工程"；成县把发展壮大富民增收产业与健全农产品网货供应链、网店培育、电商实用技能培训等电商发展措施相结合，实施了"特色产业培育工程""农产品网货供应平台建设工程""农村智力扶贫培训工程""网店建设提质增效工程"。这九大工程的实施既为开展电商扶贫奠定了基础，又助推了农村的综合发展。

案例点评

成县作为国家级贫困县，其在知名度和影响力较低的情况下，首先提升了电商有权威背书的可信度，当地政府就是重要的权威背书之一；其次，选择用户使用量大、信赖度高的电商平台合作，例如，以淘宝、京东等作为销售渠道，在保证产品质量的同时，也具备可靠度高的物流环节，保证了客户的售后服务质量；最后，在资源有限的情况下，县域电商优先主打一种产品，集中优势兵力"单品突破"，再带动其他产品共同发展，让电商销售的产品逐渐走向产业链化。在政府与村委会的共同带动下，成县村民踊跃加入电商产业，不仅实现了成县的乡村振兴，也提高了全县的人均收入，让脱贫战略更进一步。

农村新业态

信息化、网络化、数字化技术为农村经济新模式、新业态的发展提供了前所未有的发展机遇。一些地方积极探索发展农村新业态,例如,利用"互联网+"赋能休闲农业和乡村旅游,举办农业嘉年华、休闲农业、特色村镇、农事节庆等线上线下相结合的特色活动。另一些地方会利用互联网平台,盘活农机装备、土地、农业劳动力等资源,创新发展农机租赁、认养农业、农事体验等乡村共享经济新模式。

案例 7:海南省施茶村助力"互联网+"乡村新业态

随着网络基础设施的不断完善,互联网进村入户,进一步拉近了海南省施茶村与城市的距离。日趋火热的乡村旅游、可持续的产业支撑,以及淳朴的民风,施茶村正在成为越来越多年轻人返乡创业、追逐梦想的乐土。施茶村某民宿一角如图6-7所示。

郭霖是一名活跃在施茶村的互联网创业青年。2015年,郭霖到施茶村游玩,漂亮的生态自然环境、绿色无污染的特色农产品,让她爱上了这里,随后她放弃了外企优厚的待遇,毅然来到施茶村创业,创建了海口电商品牌——"火山公社"。近年来,郭霖组织举办各类创客沙龙活动，通过网络直播推介黑豆、施茶村火山民宿；每个月她会在施茶村举办一次农夫集市，帮助村民拓宽线上线下销售渠道。在帮助村民增收致富的同时，她也在参与美丽乡村的建设中实现了自己的创业理想。

图 6-7 施茶村某民宿一角

图片来源：新华网

　　王朝是海南中海网农科技有限公司施茶村火山石斛园的一名销售员，每当有游客前来施茶村火山石斛园的销售展厅参观时，王朝就会耐心地向游客一一介绍各种产品，游客在购买产品后，她还会主动请求游客关注公司的"海岛生活"微信公众号，方便今后再次购买产品。随着施茶村火山石斛园的品牌越来越响，王朝回到村里，她表示在家门口上班既能照顾家庭，还有稳定的收入，对现在的工作感到十分满意。

　　在施茶村火山石斛合作社刚成立时，合作社急需一批懂技术、有干劲的年轻人加入，在外打拼的施茶村青年吴清伟毅然辞去城市的工作，回村应聘合作社的技术员，吴清伟极力劝说家人把8亩荒山全部入股合作社用来种植石斛。目前，施茶村已有许多大中专毕业生返乡，他们有的在家门口上岗就业，有的办民宿、开咖啡馆等，为施茶村提供了人才支撑，更为该村的发展注入了蓬勃的生机和活力。

案例点评

海南省施茶村发挥独特的区域资源优势，将互联网传播模式与当地的特色农产品、自然风貌、传统文化相结合，为当地农村新业态的发展开拓了广阔的空间。休闲农业与乡村旅游在施茶村落地生根，不仅促进了当地的产业发展，还吸引了一大批年轻人返乡创业，他们把在城市里学到的信息技术、商务经营等知识带到村中，优良的工作生活条件与优厚的回报，激活了乡村振兴主体的积极性，也实现了年轻人的创业梦。发展乡村新业态，是充分挖掘乡村资源优势，促进乡村产业结构优化升级的有效途径。施茶村的村民办民宿、开咖啡馆，改变了长期以来单纯依赖农业生产的乡村产业格局，为乡村经济的可持续发展和产业全面振兴注入了活力。

案例8：温州"互联网+"认养农业打造现实版"开心农场"[7]

温州市创业青年巫逢洲、刘秀峰等创办的"猴集"农产品预售平台，

---

7 浙商网 [OL]. 2019-04-01.

通过农产品预售平台认领土鸡、网上认种农田农地、认养杨梅树，将"开心农场"变成现实，正在吸引越来越多的都市人参与体验该项活动。这种结合"互联网＋"的认养农业，吸引了越来越多的温州农民加入其中，开启了乡村振兴的新模式。

体验"养成"乐趣，还有实际收益

土鸡是很多人到"农家乐"必点的菜之一。但所谓的"土鸡"都是直接烧好端上餐桌，无法判断是否是真的散养土鸡。很多人在城市里想吃到品质好的土鸡，却没有购买渠道。为了打通城市消费者购买田头直供农产品的渠道，同时也让更多的城市家庭参与体验乡村生活，刘秀峰与团队成员创办了"猴集"农产品预售平台。

"99元认养土鸡"是"猴集"农产品预售平台上最为火爆的项目之一。消费者通过"猴集"农产品预售平台，参与土鸡饲养，从鸡苗开始认领，全程监控，6个月的养殖周期一到，就可以得到一只自己"看着长大"的土鸡。"认养农业"模式颠覆了以往的养殖模式，打破了时空限制，让消费需求与生产投入更好地进行匹配。"猴集"农产品预售平台土鸡认养如图6-8所示。

从消费者的角度来说，参与认养活动既收获了乐趣，也获得了一定的收益。土鸡的市场价是158元/只，99元认购的鸡苗的最终出栏价格基本与市场价持平，但由于增加了互动体验和源头追溯等环节，消费者更愿意参加此活动，参与度高。

从农户和基地的角度来说，预售的方式既能降低农民的成本投入，提升农民的信心，同时可视化操作也对产品质量起到监督作用。养鸡农民从以往卖现货转变为卖期货，卸下了养殖风险的担子，真正实现多方共赢。

转卖：99元认养土鸡，预售完成转卖赚收益

山间林地散养、慢生长、自由觅食、野性十足，本项目预售完成，支持进行自由交易转卖，赚取收益。

已售金额：349272元

69%

500000元	3528人	12天
目标金额	支持人数	剩余时间

￥99.00　　　　　立即支持 >

预计发货时间：预售项目结束7天后

图 6-8　"猴集" 农产品预售平台土鸡认养

图片来源：浙商网

"认养农业"在温州市逐渐走红

"认养农业"这种新兴农事的增值发展模式，在温州市越来越多的项目中得到了应用。泽雅黄山村抓住机遇传承本土文化，进行"互联

网＋农业＋文旅＋地产"项目改造。村民把番薯园开发成"智能休闲体验农业"，种植不同时节的蔬果、花木，打造"山水田园旅游综合体"，还通过"土地流转"方式，发展"认养农业"新模式。城市居民可以认种黄山村的农地，通过手机查看农作物的成长情况，全程了解农地农产品的种植情况，还能去实地察看自己的农地，开启现实版的"开心农场"。

"认养农业"模式实质上是共享经济在农业领域一次新的尝试，打破了农业生产的固有模式，与旅游、养老、文化等产业进行深度融合，在创新模式上融合技术和匠心，为食品安全、农业生产模式带来了全新的思路，推动乡村发展转型升级。

案例点评

"认养农业"是共享经济在农村产业发展中的突出表现形式，在农民和消费者之间建立了一种风险共担、收益共享的连接机制。以互联网平台为中介的"认养农业"模式将产业链由过去的"产供销"变成"销供产"。"猴集"农产品预售平台的"认养农业"模式，不仅实现了自身商业模式的创新，还带动了温州市一大批"认养农业"项目的发展。"认养农业"借助互联网平台，让好产品实现了从田地到餐桌的直接对接，消费者在享受乐趣的同时，还能以更实惠的价格获得特色农产品。同时，养殖户也解决了农产品的销路问题，并能通过期货交易模式实现产能的提前变现，减少了资金压力。"认养农业"的成功除了借助互联网平台，从根本上还依赖于优质的农产品与交易服务。好的产品和好的服务需要满足消费者的真实需求，既有健康、绿色、优质、特色的农产品，又有好的营销手段吸引消费者为产品和服务买单，才能实现"认养农业"模式的最终成功。

案例9：四川省三道堰镇青杠树村乡村数字旅游发展[8]

随着政策红利的持续释放，我国农村数字化的建设取得了丰硕的成果。四川省成都市通过数字化建设进农村综合示范工作，充分释放了青杠树村旅游业的发展潜力，成功转型升级了综合示范工作，并打造了旅游宣传信息畅通、线上线下相互融合、涉农商品和服务消费双升级的现代化旅游体系和现代农村市场体系，实现了脱贫攻坚和乡村振兴的有效衔接。青杠树村旅游发展建设如图6-9所示。

图6-9　青杠树村旅游发展建设

图片来源：兰博旅规

8　兰博旅规 [OL]. 2019-02-22.

数字化建设改善营销模式

青杠树村通过网站、触摸屏等构建了集电子导览、电子导游、电子商务、景点宣传介绍功能为一体的，涵盖吃、住、行、游、购、娱的全方位旅游服务体系，并不断加快投入使用。青杠树村利用完善的三道堰青杠树智能语音讲解系统，通过二维码扫码技术，为游客提供免费的语音讲解服务。青杠树村成功举办了20余次"踏青节""端午快乐游""香草花海欢乐季""大学生帐篷露营音乐节"等节庆活动。

"旅游+农业"融合发展

青杠树村依照"农民主体，政府引导，市场运作"的原则，运用"小规模、组团式、生态化、微田园"的理念，以农民集中建房整治项目为主要抓手，综合推进农民新居建设、基础配套建设和乡村旅游产业发展，建成9个以"川西民居"为特色的农民新聚居点，形成以"秀美水乡、乐活田园"为主体，集观水、赏花、运动、休闲为一体的特色乡村旅游。另外，青杠树村为促进农民持续增收，按照第一和第三产业融合的理念，设计了"高端项目为龙头，农家旅游为配套，都市现代农业为基础"的乡村旅游产业发展模式。

案例点评

四川省青杠树村积极落实国家相关政策，按照"高端项目为龙头，农家旅游为配套，都市现代农业为基础"的产业发展模式，依托得天独厚的自然环境与配套的基础设施，重点发展现代化乡村旅游线上线下相互融合的转型模式，以生态田园为基础、旅游开发为方向，做好环境美化和旅游配套设施的建设，利用互联网、物联网等现代科学技术打造科普教育、科技示范、农事体验、赏花品果、采摘游乐、农耕文化展现等有机融合的田园休闲旅游区，建设休闲会所、发展乡村酒店、建设游客中心和停车场等完善的旅游配套设施，同时发展绿色有机农业宣传、举办乡村农业嘉年华、组织村民踏青节等农旅节庆活动，带动农民就业、帮助农民创收、增加村集体旅游收入，展现出乡村现代化发展新业态。

乡村治理数字化

我国乡村普遍存在治理基础薄弱、治理难度大、治理水平低等问题，乡村的民主法治建设相对滞后。乡村治理数字化可以利用信息技术，构建现代的乡村治理模式，调动村民的积极性、主动性、创造性，形成政府、村集体、村民等各方共谋、共建、共管、共评、共享的机制，保障村民决策权、参与权和监督权。

案例 10：天津市王顶堤村以"三网一台"服务机制推进党建信息化

为推进党建工作深入开展，提高党建工作的信息化水平，天津市西青区西营门街王顶堤村积极探索服务党员群众的新途径、新方法，着力提高广大农村党员的素质，创建了"三网一台"服务机制。

利用村集体网站开辟党建专题版块

王顶堤村的党建网站及时准确地向全村党员群众发布时事政策、上级文件精神、村政建设目标思路以及村党委的重要工作信息，以此充分调动党员群众参与村政建设决策的积极性，为党员群众提供了一个公开化的沟通平台。

灵活运用手机短信网开展基层党员管理

村基层党组织定期给全村党员发送党务信息，提前发送党日活动、党员远程教育学习计划的短信，充分做好短信提醒工作，确保党员在每次党日活动的出勤率。坚持发送党员学习材料，做好党史重大事件的宣传工作，使全村党员在加强党务知识学习的基础上牢记党的历史。村基层党组织还会不定期给全村党员发送党员干部廉政警示的名句格言，时刻提醒村党员干部保持党的纯洁性。

借助远程教育网开展党员学习活动

村基层党组织充分利用市、区远程教育网络的有效资源，落实党员集中教育学习、培训制度。结合远程教育视频课件，加强对全村党员的教育引导。结合党员需求，开展个性化点播学习，为党员集中学习教育活动提供规范化的服务平台。在每周班子例会和每月党日活动前，党员都会集中学习远程教育网上的"两学一做"相关内容。

发挥村有线电视台的作用

王顶堤村还定时通过有线电视台给全村党员群众播报上级党委的指示精神和本村党建工作的重大事项。通过电视直播的形式，向全村党员群众公开宣传党的政策、法律法规、社会公德、文明礼仪等，及时传达上级的指示精神及全村经济发展、村务管理、民计民生、党建工作等重大事项。根据党员群众对农业技术知识和文化娱乐方面的需求，有针对性地为党员群众选播一些科技致富类、健康养生类、移风易俗类及文艺体育类等电视节目，既让党员群众学到了知识，又丰富了党员群众的思想。

案例点评

　　王顶堤村的基层党建工作，是利用现代信息技术手段，提升党建信息化水平的典型代表，在强化党员管理、丰富党建教育、创新党组织服务方面都取得了卓越成效。王顶堤村的特色在于，打造了一个集互联网、通信网、广播电视网等全方位信息传播渠道的"三网一台"党建信息化模式，满足了不同层次基层党员的需求。王顶堤村党建信息化模式能成功的原因，还在于不断对各类党建平台开展常态化的更新与维护，避免了许多基层党建信息化工作中可能出现的建而不用的问题，并充分听取群众的意见，在原有的党员教育类资源的基础上，加入了法律法规、社会公德、致富知识，以及满足党员群众精神文化需求的数字化资源，这是贯彻党全心全意为人民服务的根本宗旨在农村基层的具体体现。

案例 11：浙江省浦江县开展乡村治理数字化管理平台的试点 [9]

　　薛家村位于浦江县杭坪镇东部，依山傍水，风光秀丽。村民在从事传统农业生产的同时，又依托资源优势，建成了"生态乐园""沙滩公园"和"农耕文化园"，发展乡村旅游业。全村需要管理的事务比较繁杂，提高工作效率是薛家村目前亟须解决的问题。

　　针对村内事务综合治理的需要，浙江省浦江县在杭坪镇薛家村开

9　澎湃新闻[OL]. 2019-12-18.

展了乡村治理数字化管理平台的试点，通过大数据、图像识别和物联网等技术，对村情村貌、产业发展、乡村自治、基层党建等多个方面的数据进行了实时采集、分析和反馈，实现了乡村管理现代化。薛家村乡村治理数字化管理平台如图6-10所示。

图6-10 薛家村乡村治理数字化管理平台

图片来源：新浪网

薛家村乡村治理数字化管理平台将在籍人口、特殊人群、集体资产、集体荣誉、村规民约等内容进行可视化展现，方便进行人口管理、资产管理、村务公开等，为乡村治理提供了基本的数据保障。该平台还将通过垃圾分类、河道治理、美丽池塘、美丽公路、村口安导、污水处理六大模块，利用图像识别技术、传感监测与定位设备，实时监测相应场景的异常情况，配合村委会为专岗负责人规划工作路线，保障乡村生态环境与基础设施的正常维护和管理，提升乡村治理能力，提高农村社会综合治理精细化与现代化水平。

针对薛家村的农旅特性，管理平台将为其添加流动人口统计模块。该模块能够自动采集和更新人口流通数据，方便进行流动人口的监测与管理。结合薛家村的产业特点，该平台还能打造生态园、美丽田园、农家乐、生态餐厅、民宿、公交车站等数字化应用场景，为生态农旅产业注入数字动力。以生态田园为例，种植农户和农业专家可以通过平台清楚地查看土地的种植信息、土壤的生态信息、产品销售与预估产值等数据，可为农产品生产与供应提供安全优质的数字保障。

在薛家村的试点中，浦江县根据全县乡村信息化基础现状与发展需求，用一年左右的时间，对数字乡村的体系平台、技术应用、政策制定、制度设计、发展模式等方面进行探索，重点建立数字乡村资源库，建设两个管理服务平台（乡村决策分析、惠农综合服务），开发10套以上应用系统，逐步实现乡村资源数据规范化、乡村产业监管数字化、乡村治理智慧化、乡村惠民服务一体化，助力乡村振兴。

案例点评

薛家村乡村治理数字化管理平台是提高乡村社会综合治理网格化、精细化、现代化的集中体现。该平台突出解决的是薛家村村内事务繁杂、人员不足等问题。薛家村推进乡村治理数字化管理平台的建设，让许多原本需要人工完成的事情可以通过高科技手段来实现，提高了乡村综合治理效率。平台建设的覆盖内容全面，既包括人口、环境的动态监测，又适应薛家村产业发展需求，创新建设了乡村旅游与休闲农业管理功能模块。此外，在薛家村的试点还注重对平台应用情况的总结，推广有益经验，并不断根据实际需要改进、丰富平台的功能，让平台切实成为补齐基层管理短板，贴近群众需要的信息化治理手段。

案例 12：陕西省"互联网 +"法律服务深入乡村 [10]

陕西省司法厅在全省农村、社区积极探索推行"一个顾问 + 一个微信群 + 一个自助服务系统"模式，采取线下律师定期值守、线上律师随时提供服务的形式，为群众提供优质高效的公共法律服务。

村里有了免费的法律顾问

贫困地区大多是法治建设比较薄弱的地区。在脱贫攻坚的进程中，陕西省司法行政系统整合公共法律服务资源，加快推进"一村（社区）一法律顾问"的进程，有效缓解贫困地区法律服务资源紧缺问题。2018 年上半年，陕西省司法厅组织 49 家省直律师事务所的 176 名优秀律师，结对帮扶安康、汉中两市的 252 个贫困村，签订了"一村（社区）一法律顾问"援助协议，为村民提供法律援助、矛盾化解、法律体检、法治宣传等公共法律服务。

以前村民不懂法，现在有了法律顾问，村民咨询法律问题、依法维权就有了帮手。只要村民有需要，就可以通过电话、微信等形式与法律顾问取得联系，律师可线上线下随时为村民免费解答所有的法律问题。

"互联网 +"让服务更贴心

老百姓足不出户，只要在自助法律服务系统中触摸服务菜单，就可

---

10 台建林，孙立，昊洋，王瑾. 陕西一村（社区）一法律顾问全覆盖　公共法律服务就在群众家门口[N]. 法制日报，2018-10-22.

以在网上申请法律援助，寻求律师咨询服务，并可自动查询法律法规和典型案例。从2016年开始，陕西省司法厅已在西安市莲湖区、西咸新区、渭南市临渭区等地安装了500多套自助法律服务系统，极大地满足了群众公共法律服务需求。通过扫描身份证，输入电话号码获取验证码确认，群众就可以按照页面提示的法律服务菜单项目，选择与在线律师面对面语音交流、视频交流，进行法律咨询。西安市莲湖区法律服务终端系统界面如图6-11所示。

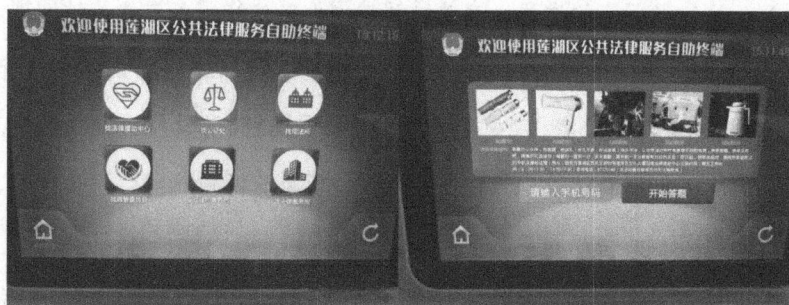

图6-11 西安市莲湖区法律服务终端系统界面

图片来源：人民法治网—法治陕西

法律顾问助力基层治理

陕西省"一村（社区）一法律顾问"工作开展以来，各地法律顾问重点围绕影响农村稳定的突出问题，特别是在征地拆迁补偿、农村土地流转、老人赡养等容易产生矛盾纠纷的领域，有针对性地开展法治宣传教育，引导群众以合法方式和途径表达自身利益的诉求。法律顾问还通过担任兼职人民调解员等形式，参与矛盾纠纷排查调解工作。

与此同时，各地法律顾问还积极协助村（社区）起草、审核、修正村规民约以及其他管理规定，为重大经济、民生和社会管理方面的决策提供法律意见、建议和帮助，有效提升了基层民主治理法治化水平。

案例点评

自2014年司法部《关于加快推进公共法律服务体系建设的意见》印发以来，"一村（社区）一法律顾问"的覆盖工作就成为弥合城乡公共法律服务差距的重要抓手。我国幅员辽阔，村庄众多，通过互联网平台推广在线法律服务，成为落实"一村（社区）一法律顾问"的核心手段。陕西省司法厅通过"一个顾问＋一个微信群＋一个自助服务系统"的模式，打造了延伸至乡村一级的公共法律服务体系。乡村法律顾问们不仅成为法律援助、普法与人民调解工作的先行者，也成为乡村治理重大决策的智囊团，为建设法治乡村、平安乡村贡献了重要的力量。

案例13：杭州市浦阳镇通过数据整合共享帮助乡村治理[11]

杭州市萧山区浦阳镇距离城区较远，村民办事极不方便。2018年，浦阳镇现代化业务办理系统落地实施，帮助村民实现线上办事、就近办事，政府的行政效率同样得到了提升，这都归功于浙江省大力推进基层治理体系转型升级，其中的核心经验是利用了先进

---

11 朱海洋. 浙江：数字化赋能乡村振兴[N]. 农民日报，2019-04-09.

的数据整合与共享技术。

数字化建设帮助简化村民业务办理需求

2018 年 6 月，浦阳镇结合"最多跑一次"改革，在萧山区首创镇街行政审批"一窗通"系统，设置了 33 个线上事项办理功能，让村民在家门口便可办理相关行政事项。这些行政审批事项包括土地承包经营审批、党组织关系迁移、低收入农户证明、劳动合同鉴证等，基本满足了村民的日常业务办理需求，村民只需要使用手机扫描这些行政审批事项对应的二维码，办事指南、基本流程等相关资料一目了然，有效避免了跑空趟的情况。

"一窗通"系统得到村民的认可后，浦阳镇政府继续探索数字化创新路线，不断开通村民需求量大的社保功能窗口，并将行政智慧服务审批点向行政村和社区一级延伸。首批 4 个村级服务网点分别配备了一名专职人员，负责站点的日常工作，最大限度地实现让数据代替村民跑腿。

模块化划分优化平台管理模式

2016 年，浙江省针对县乡断层、条块分割等在基层治理中存在的难题，运用模块化管理理念，把乡镇和部门派驻机构承担的职能相近、职责交叉和协作密切的日常管理服务事务进行归类，组建综合治理工作、市场监管、综合执法、便民服务 4 个平台，形成覆盖县乡、功能集成、工作协同的基层治理体系。浙江省促进浦阳镇通过相应的功能模块划分、工作流程再造和工作机制完善，把原来分散的力量有机融合，优化行政资源配置，推进工作重心和力量下沉，既弥合了县乡之间的"断层"，又解决了乡镇责大权小的问题。

在这个过程中，一方面，浙江省注重发挥地方政府的能动性，允许其因地制宜地找到合适的治理之道。另一方面，浙江省突出浦阳镇村民的主体定位，用信息化的手段，畅通村民反映诉求、参与治理、加强监督的渠道，从而实现政府单向管理向社会共治转变。

案例点评

2018年的中央"一号文件"首次提出数字乡村的概念后，全国各地政府都在探索破题。浙江省委农村工作会议专门提出，以实施数字经济"一号工程"为契机，大力推进乡村产业发展动力、农村经济发展效率、乡村公共服务模式、乡村治理方式的数字化改革，夯实乡村振兴的数字化基础，加快缩小城乡数字差距，进一步细化对数字乡村的扶持政策。浦阳镇紧随政策布局，加快实施"最多跑一次"改革，通过建立数据平台、政府审批系统、自动法律服务系统、普及二维码使用等措施，解决了村民办事难、跑路多、白忙活等问题，同时优化了政府的办公体系，提高了民事审批的效率。

乡村网络文化

我国农村在长期发展中形成了独特的乡村文化，也形成了一批有特色的传统村落。数字化技术可以把这些优秀的传统乡村文化以数字的形式留存下来，并且通过网络传承下去，在推动城镇化进程的同时，让农民留住乡愁。网络给农民的文化生活带来了新的形式，在丰富乡村文化内容的同时，也会带来一些网络文化问题，这是需要引起关注和防范的。

案例14：山东省"淄川文化云"公共文化服务数字工程

山东省淄博市淄川区把文化作为老工业区转型发展的新动能，作为实施乡村振兴战略的铸魂工程，创新实施了公共文化服务数字工程——"淄川文化云"。"淄川文化云"平台如图6-12所示。

建设数字化便民平台，实现文化供需衔接"上云端"

淄川区通过"淄川文化云"平台构建了一个虚拟的网络社区，实现了城乡群众、文化部门、文化人才、社会机构的有效互动。群众只需要登录平台，就可以访问和预约淄川区的文体场馆，参加文体培训和文体活动。"淄川文化云"平台产生的大数据，全面准确地反映了群众的文化需求状况，为政府改进工作提供直接参考，并可作为文化管理部门、文化机构的效能考评依据。

图6-12 "淄川文化云" 平台

完善城乡15分钟公共文化服务圈,推动公共文化阵地"接地气"

在镇村层面,淄川区设立了文化办公室,为每个村居配备了一名文化管理员,重点抓好镇办文化站提档升级、村居综合文化服务中心建设工作。淄川区按照"均衡"和"全覆盖"的思路,加快推进城乡公共文化服务体系建设，着力构建"15分钟公共文化服务圈"，让城乡群众就近享受优质的公共文化服务。2018年，淄川区共开辟了覆盖全区的178处"文化云"培训固定场所，广大城乡群众可以非常方便地在居住地附近开展文化活动，接受高水平的专业文化培训。

整合优质文化资源，让文化产品服务供给"更精准"

淄川区在"淄川文化云"平台中设置了书画、摄影、舞蹈、戏曲等20余个门类的基础课程，特别是针对农民群众、贫困群众，积极开展种养殖、刺绣、编织等劳动技能培训，为群众脱贫致富提供支持。在"淄川文化云"平台中，淄川区集中整合发布全区各类文体活动安排，实时显示送戏下乡、文艺演出、展览等活动信息，广大群众可以根据各自的兴趣爱好，各取所需，及时参与。

案例点评

淄川区地处淄博矿区的中心地带，矿产资源丰富，长久以来其经济社会的发展对采矿业的依赖程度较大，随着不可再生的矿产资源逐渐减少，淄川区被列入第三批国家级资源枯竭城市，急需转变经济发展模式。事实上，淄川区也是文化资源极其丰富的地区，它是蒲松龄的故乡，是大汶口等古文化遗址的所在地，是鲁青瓷技艺的发源地。"淄川文化云"平台的建设，正是淄川区以文化资源数字化，带动区域经济发展的重要手段。"淄川文化云"平台围绕着城乡居民公共文化的需求，开展了多样化的文化宣传、文化活动、文艺培训，不仅满足了基层群众的精神文化需求，而且在文化建设的同时提升了农民的劳动技能，开辟了脱贫致富的新路子。

案例15：重庆市南川区创新"互联网+文化乡村"建设 [12]

经过前些年的努力，南川区基层公共服务的网络和设施已经基本完善，村和社区都建立了文化室、图书室，在乡镇综合文化站里，电子阅览室等现代化文化设施也基本齐备。然而，由于基层文化服务对象分散，文化需求不同，所以这些文化设施很多时候都在闲置，没能发挥其应有的作用。

文化设施闲置的实质原因是公共文化服务与群众的有效需求没有有效对接，导致这"最后一公里"被堵塞。经过反复地思考和谋划，南川区决定把互联网引入公共文化服务中，实施"互联网+文化乡村"建设，连通乡村文化服务的"最后一公里"。

"互联网+文化乡村"打通乡村文化服务"最后一公里"

南川区实施的"互联网+文化乡村"，是依托乡镇（街道）、村（社区）综合文化服务中心、文化中心户的阵地和设施，将互联网的文化创新成果与经济社会各个领域深度融合，拓展公共文化物联网、数字图书馆、基层文化共享工程等文化内容，以及实现技术应用、平台终端、创意人才的共享融通，形成一体化、多维度的公共文化服务运行机制，建立"1云+5网+N端"的全覆盖平台。其具体内容是利用文化服务这块"云"，扩展实现"互联网+数字文化""互联网+电商文化""互联网+农业文化""互联网+旅游文化""互联网+综合服务"全覆盖。

---

12 王静. 南川：互联网"+"出了文化乡村[N]. 重庆日报，2016-12-20.

激活基层文化资源，有效对接群众文化需求

南川区"互联网＋文化乡村"的"云"已经建好，连通到乡镇和村的数字文化网——"文化乡村"已经上线，南川区文化物联网已覆盖所有乡镇（街道），乡镇（街道）文化站站长通过网络接受文化馆总管理员、文化站分管理员的管理，按照标准和要求完成点单、配送、场地安排等文化服务工作。南川区居民在"文化乡村"平台上查询信息如图6-13所示。

图 6-13　南川区居民在 "文化乡村" 平台上查询信息

图片来源：腾讯网

"互联网＋"让村民足不出村，就可以满足自己读书看报等文化需求

南川区居民表示，以前要走很远的路才能到图书馆，到了图书馆后还要花费较长的时间才能找到自己想要的书。现在"文化乡村"平台上线后，居民在家门口就可以下载自己想看的电子书或在网上预约借书。乡村教师陈远江是一个单车爱好者，由于自己在乡镇教书，接触的人比较少，所以平时一个人骑车总感觉缺少点什么。自从"文化乡村"平台上线后，他通过网站上全民健身版块的"健身有约"栏目，找到了很多骑单车的爱好者，他们组建了单车爱好者俱乐部。他表示，俱乐部的成员一到节假日就通过网络平台组织活动，一起骑车出游。

"文化乡村"让乡村文化站焕发新活力

以前，南川区各个乡村文化站里的电子阅览室缺乏文化资源，面临使用率不高、电脑多数时间闲置的问题。自从"文化乡村"平台"文化、旅游、商务"版块上线后，前来咨询和办理业务的群众挤满了阅览室。

不仅是电子阅览室"火"了起来，为了满足"你点我送"的需要，许多文化站负责人还组建了文化志愿者服务团队。"文化乡村"平台激活了基层文化服务中心中的阅览室、文化培训、文化活动等资源，使各类文化阵地设施和文化服务项目与老百姓的文化需求有效地对接起来。随着电商文化、农业文化、旅游文化等"网"的完善，"文化乡村"平台上线后，阅览室的这些电脑就忙了起来，群众到平台上了解"文化乡村"的内涵，享受到的文化服务更丰富、更便捷。

案例点评

我国许多乡村地区的文化建设，也面临南川区过去遇到的问题。事实上，随着文化主管部门实施的公共文化服务工程的深入推进，各个地方的文化室、图书室、电子阅览室等硬件资源已经日益齐备，但符合农村居民需求的文化资源却相对匮乏。南川区实施的"互联网＋文化乡村"建设，巧妙地将公共文化服务与群众需求相衔接，打通了乡村文化服务的"最后一公里"。"文化乡村"还构建了一个群众自主开展兴趣交流、组织活动的平台，拉近了邻里乡亲的距离。"你点我送"的个性化文化志愿服务，拓宽了传统文化站的信息服务范围，农业、旅游、商务等知识也能通过文化宣传的形式深入群众，不仅满足了当地村民的精神文化需求，也有力提升了村民的文化水平与工作技能，为实现乡村振兴奠定了坚实的基础。

案例 16：双柏县加快乡村网络文化阵地信息化建设 [13]

2020 年，云南省楚雄自治州双柏县委、县政府加快乡村网络文化阵地信息化建设，由县文化和旅游局牵头，依托《双柏县文化馆图书馆总分馆制建设方案》，扎实推进县、镇、村三级网络文化阵地信息化建设。

双柏县共投入 70 万元资金建设双柏县文化馆、图书馆集成数字平台，为县文化馆、图书馆 2 个总馆和 8 个乡镇文化馆、图书馆分馆，查姆湖景区游客接待中心、县客运站等人流密集场所配置了 12 台数字文化一体机，并安装了摄像头、计数器等数字化设备，实现了文化服务产品网上订购，纸质图书借阅县内通借通还，电子文化产品随点随看，县、乡镇线上文化服务资源均等化。通过文化信息共享工程的实施，每个村委会社区

13　红火楚雄文旅资讯[OL]．2020-05-25．

都配置了电脑,建设了文化信息共享工程服务点,通过服务点把优质的公共文化服务延伸到基层农村,增加公共文化产品和服务供给,为更好地满足广大人民群众的基本文化需求创造良好条件、提供有力保障,实现了文化助力社会经济跨越式发展。双柏县网络文化宣传屏如图 6-14 所示。

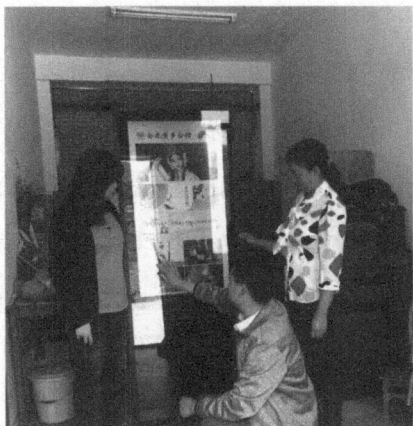

图 6-14 双柏县网络文化宣传屏

图片来源:红火楚雄文旅资讯

案例点评

双柏县把网络文化建设的重点放在了实现县文化馆、图书馆数字信息化方面,加强了农村网络基础设施建设,扩大了农村网络的覆盖范围,以"数字乡村"为依托,促进涉农信息资源整合,完善农村综合信息服务体系。双柏县鼓励建设农业农村综合信息资源和服务平台以支撑特色农业信息化,帮助村民足不出户就可以阅读、学习,传播乡村文化信息,解决了纸质图书借阅、归还难等问题,保证了资源能够按需分配。

智慧绿色乡村

信息化手段在农村生态环境保护和农村人居环境治理方面，可以发挥更大的作用。例如，利用信息技术开展农业投入品规范化管理，建立农业投入品、农产品网络追溯体系，促进农药化肥等投入品减量使用。发展绿色农业、精准农业、精细农业、节水农业。通过建立农村人居环境在线平台，制订奖惩机制，引导农村居民参与农村环境监督，培养形成绿色环保的生活方式。

案例 17：数字技术赋能鹤壁市智慧绿色农业发展 [14]

坚持绿色兴农，建设智慧绿色农业园区

河南省鹤壁市利用物联网、移动互联网等信息技术，在粮食高产创建示范区建设"星陆双基遥感农田信息协同反演技术"实验基地，建立观测自动、预报精细、服务多元和智能互动的系统，及时向农业经营主体提供农业气象监测预报预警服务，为粮食高产创建提供支撑；在全市的蔬菜标准园建设"设施农业智能物联系统"，实时监测土壤墒情、气候环境以及病虫害等，为特稀蔬菜的质量保驾护航；在中鹤牧业、柳江牧业等标准化养殖场建设智慧农业生态系统，保障农畜产品的绿色高质。

14 李辉.鹤壁市数字经济与农业农村深度融合发展研究[J].粮食科技与经济，
2019,44(6):119-122+142.

构建农产品质量安全追溯体系，实现农畜产品全程可追溯

鹤壁市在市、县两级农畜产品质量安全检测中心、农业标准园、大型养殖场等建设了农畜产品质量安全监管系统，在数据采集共享、融合存储分析等6个方面形成标准体系，实现农畜产品从"田间"到"舌尖"的全程监控，提高了农产品的市场竞争力。

利用新一代信息技术大力发展节水灌溉

中鹤集团在流转的农田里，利用人工智能、物联网等技术，根据农田综合历史数据、气象参数、土壤墒情、农作物生长模型等，实现工人在控制室内智能化地安排灌溉作业，控制长达千米的大型自走式喷灌设施进行水肥一体化灌溉，实现了节约用水60%、节约用电70%、节约人工90%、耕地增加18%的有效种植面积的效果，改善了农业灌溉用水利用率较低的状况，实现了节水灌溉、精准灌溉、安全灌溉、绿色灌溉，改善了耕地的质量。中鹤集团引进的智能化指针式喷灌装备如图6-15所示。

图6-15 中鹤集团引进的智能化指针式喷灌装备

图片来源：《河南日报》

案例点评

产业兴旺是乡村振兴的重要内容之一，发展农业农村数字经济是驱动乡村产业高质量发展的重要举措。河南省鹤壁市的农业发展另辟蹊径，基于信息技术的绿色农业生产方式，不仅节约了人力与农业资源要素的投入成本，提升了农产品的质量，也助力鹤壁市打造出了一批具有市场竞争力的无公害农产品品牌。鹤壁市节水农业的发展，除了节约现有资源要素的投入之外，还有效增加了种植面积，改善了耕地质量。未来，鹤壁市在推广绿色农业生产方式的同时，还要进一步关注各类智能农机设备的成本问题，让绿色农业生产方式能惠及广大的中小型农业经营主体。

案例18：贵州省数字乡村监测平台助力美丽乡村建设[15]

贵州省住房和城乡建设厅结合村镇建设工作的实际，开发建设了贵州数字乡村建设监测平台，并同步开发了平台手机客户端——"贵州数字乡村"App，助力贵州省农村人居环境治理，建设美丽乡村。

科技助力乡村环境治理能力与治理水平提升

贵州数字乡村建设监测平台主要包含3个版块：一是村镇生活垃圾收运版块，以实现全域农村生活垃圾收运设备的全自动管理，动态监测收运车辆的运行情况，促进服务和管理水平的提升；二是乡镇生活污水处理版块，在线监控污水处理设备，自动获取重要指标，实时展示基本

15　贵州：建设数字化平台提升乡村治理水平[N]. 中国建设报, 2020-02-24.

数据,并自动生成报表;三是传统村落建设管理和传统村落数字博物馆版块,致力于将贵州特色民族文化和传统建筑直观地展现,做到随时随地、不限设备地广泛传播。

贵州数字乡村建设监测平台通过区域化系统管理、分级别进行权限管理、省市县级分别管理辖区数据的方式,让村民参与乡村的管理与建设,构建起全民参与共建的良性管理机制。贵州数字乡村建设监测平台界面如图6-16所示。

图6-16 贵州数字乡村建设监测平台界面

图片来源:《中国建设报》

　　"贵州数字乡村"App是数字化、移动化的贵州省住房信息管理系统。"贵州数字乡村"App和贵州数字乡村建设监测平台打通了小程序、公众号等多个渠道，实现了移动网络多终端覆盖。工作人员也可以移动办公、实时监测、高效监督，只需要通过App就能掌握全部情况。一个App集建设乡村、治理乡村、游览乡村等多种功能于一体，手机成为乡村振兴的移动互联网数字工具，家家户户都有"贵州数字乡村"App，它实现了乡村建设一张图、一体化、集成式管理，为各项民生工程的落实起到强有力的推进和监管作用。

案例点评

　　贵州数字乡村建设监测平台与"贵州数字乡村"App的建设，是利用互联网技术实施村镇环境综合治理的新举措。监测平台与App相互配合，既能满足政府部门开展环境监测、防污治污管理的工作需要，又能让广大群众通过移动化、便捷化的手段，监督政府在村镇环境治理方面的工作，并可以主动传播绿色生活意识，了解污染防治知识。同时，贵州数字乡村建设监测平台，还将农村数字经济、传统特色民族文化等功能进行整合，实现了农村实体产业与市场的数字化对接，有效推进了乡村经济的发展，是绿色发展的一种新模式。

案例19：黑龙江省五常市智慧绿色农业示范园区[16]

　　黑龙江省五常市现代农业产业园是2017年农业农村部、财政部评

16　中国城乡规划网. [OL]. 2018-08-31.

选的国家现代农业产业园，其率先集成应用互联网、物联网等现代科技，推进绿色农业发展与工业、旅游业等深度融合，发展适度规模经营，构建了利益联结机制，完善了组织管理体系。

推动智慧农业，建设科技化稻田，助力乡村振兴

2017年，五常市现代农业产业园区建设了农业物联网服务中心，充分运用物联网技术，设立智慧农业监控室，实现稻米等农作物高度智能化生产，将病虫害、田间水位、水质、视频等传感器及摄像头投入稻田建设，组成新型数字化监控网络，实现了对园内稻田的全方位、多维度实时监控，通过各类信息和实时视频图像及时监测稻田的"四情"，即苗情、墒情、病虫情、灾情。在五常市现代农业产业园的智慧农业监控室内，不仅可以观看到223.6万亩的稻田实景，了解稻田里的水位、含氧量、水温等指数，还能够对稻米收获、运输等信息进行汇集、传输、分析、决策等，实现了对五常大米的生产全程监控（包含自动化监测、精准化作业、数字化管理、智能化决策、信息化服务）、田间管理远程控制、农业技术远程服务及五常大米全程溯源防伪。

一、二、三产业融合带动绿色农业发展

五常市国家现代农业产业园建设数字农业示范园5万亩、有机精准农业种植基地1.2万亩。园内已经实现绿色水稻种植全覆盖、有机水稻种植面积达20万亩，有机食品认证个数达59个，绿色食品认证个数达58个，绿色、有机认证农产品比重达100%。园区构建"稻米观光＋稻米体验＋稻米加工＋稻米品鉴＋稻米营销"的四季全产业链开发体系，缔造五常稻米农业旅游品牌，一、二、三产业得到深度融合。五常市国家现代农业产业园稻米种植基地休闲观光区如图 6-17 所示。

图 6-17 五常市国家现代农业产业园稻米种植基地休闲观光区

图片来源：五常信息网

案例点评

在数字化建设方面，五常市国家现代农业产业园通过信息化转型、网络化布局、科技化升级等措施，实现水稻农作物高度智能化生产，实现产业链全方位监测管理。在绿色发展方面，产业园通过一、二、三产业融合方式，积极发展林下经济，推进稻渔综合种养等养殖业与种植业有效对接；推进农产品加工废弃物综合利用，延伸产业链，提高农产品附加值；推进农业与旅游、文化、健康养老等产业深度融合。园区在保证农业数字化、现代化、智能化转型的同时，不断推进绿色农业发展，从而形成了深度融合的示范性工农复合型循环经济产业链。

乡村公共服务数字化

当前，我国还存在比较严重的城乡数字鸿沟，城市和乡村之间公共服务资源无论是在数量还是质量上都有很大的差异。乡村公共服务数字化是要围绕农民最关心、最现实、最直接的实际利益问题，通过网络信息技术，增强农村在教育、医疗、社保、就业、金融等领域的有效供给能力，让农村居民享受到和城里人一样的公共服务。

案例 20：西藏芒康县通过"互联网 + 医疗"提高农牧区医疗服务水平

芒康县位于西藏自治区的东南部，地处川、滇、藏三省（自治区）交汇处。芒康县卫生系统在上级业务部门的指导下，于 2015 年下半年启动信息化建设。2017 年年初，芒康县区域卫生信息平台正式运行，发放医疗服务就诊卡 7.2 万张、农牧区家庭医疗账户卡 1 万张，覆盖芒康县 16 个乡镇每个参加了新型农村合作医疗保险（新农合）的群众和家庭，标志着芒康县医疗卫生事业步入信息化时代。

区域卫生信息平台包括 4 个部分：一是县人民医院的医院信息系统（Hospital Information System，HIS）、实验信息管理系统（Laboratory Information Management System，LIS）以及影像归档和通信系统

（Picture Archiving and Communication System，PACS）；二是乡镇区域卫生信息平台（医疗服务一卡通、健康档案平台暨数据中心）、区域HIS（基层卫生院管理信息系统）、区域电子病历（Electronic Medical Record，EMR）和医生工作站；三是居民电子健康档案、免疫接种、慢性病、老年人健康、孕产妇和儿童健康、重性精神病等基本公共卫生服务管理系统；四是西药、中（藏）药、疫苗及应急物资四大库房管理系统。各个系统的数据统一融合共享，同时平台还整合了乡镇卫生院考勤、全县疫苗冷链监测和办公自动化系统（OA）等。

群众就医更加便利。全县参加新农合的群众人手一张医疗就诊卡、每户一张新农合卡（即农牧区家庭医疗账户卡），就诊、报销直接通过刷卡完成，仅挂号、划价缴费和取药3个环节就为每位病人节省了至少10分钟的等待时间，现在全县各个医疗机构住院病人直接刷卡报销减免，简化了报销程序，方便了群众就医，减轻了群众负担。

医疗过程得到规范。区域卫生信息平台上存有每位农牧民的健康大数据，全县各个医生工作站（含医院和乡镇卫生院）可直接调取系统中每位患者的就诊记录，为医生提供更准确、更有效的诊断依据，使诊疗操作流程更规范。对于常见的多发疾病，医生可以直接调用治疗处方模板，进一步规范用药，提升治疗效果。OA系统中的医疗学习资料，可以帮助医务人员长期学习、提升技能。

工作效率得到提高。医生可以通过就诊卡及时查询就诊病人的基本信息、既往病史，减少相关情况的询问。对同一病情的病人，医生可以调用上次的处方，减少重复书写病历的时间。处方和各类单据均由系统自动生成并打印，减轻了医生的工作量。新农合实现了县域范围内费用直接减免、直接划拨，使以往每季度历时一周的结算，每年耗时近 2 个月的结算成为历史。冷链设备温度自动监测报警记录减少了卫生院的工作量，现有的数据更加真实、有效、安全。婴幼儿等特定人群就诊数据可直接从 HIS 中提取，免去了医生重复建档立卡等工作，使本来相对紧缺的医务人员能够集中精力为患者服务。

服务质量得到提升。 电子健康档案可以为每位群众随时查询健康状况和就诊情况提供方便。免疫接种手机信息提醒和系统提醒进一步规范了免疫接种工作。基本公共卫生服务项目随访管理登记更加规范，乡镇医生下村开展工作时，可携带安装离线系统的笔记本电脑和刷卡器，在村里录入工作记录信息，回乡镇卫生院后再联网同步相关数据。

卫生管理更加规范。 通过区域卫生信息平台，乡镇卫生院实现上班联网考勤，村医轮训记录随时可以查询，管理更加规范。HIS 对接药品管理系统，实现药品网上申请，药品收费价格由医管办统一调整，杜绝了私自进药和加价销售等现象，保护了群众的利益。刷卡接种、刷卡体检等方式也避免了以往的"笔下接种体检"等现象，进一步规范了常规医疗工作的管理。

案例点评

信息化建设是提升医疗卫生工作效率的有效途径。芒康县"互联网＋医疗"构建了一套全方位立体化的农牧区医疗信息管理系统，从县医院的医疗信息管理平台，到居民电子健康档案和基本公共卫生服务管理系统都能进行融合共享，促进了芒康县医疗卫生事业的发展。医疗服务信息化不是乡村医疗建设的目的，而是促进医疗资源均等化的手段。芒康县的医疗服务信息化充分体现了信息惠民利民的宗旨，无论群众就医还是医院的医疗服务与管理过程，都变得更加高效、便捷。芒康县医疗服务信息化还充分考虑了本地的资源特色与实际需求，例如，芒康县创新性地建立了中（藏）药库房管理系统，挖掘藏药优势；离线系统笔记本和读卡器在医生下村工作中的应用，避免了偏远山区网络信号覆盖不足，无法调取电子档案资源的问题。

案例 21："互联网＋艺术教育"实现乡村儿童的音乐梦 [17]

2019 年 1 月 4 日，来自乡村学校的孩子们与郎朗、邱思婷等音乐家在北京天桥艺术中心同台表演了一场动人的音乐会——"田埂上的梦想"。这场音乐会源于腾讯和北京荷风艺术基金会共同发起的"艺术行动"公益项目。北京荷风艺术基金会联合中央音乐学院、中国爱乐乐团、中国交响乐团、首都师范大学等 10 多家国家专业乐团和艺术院校，共同探索"互联网＋艺术教育"，为乡村孩子开启艺术启蒙教育。"田埂上的梦想"艺术行动音乐会在北京举办如图 6-18 所示。

17　新华网[OL]. 2019-01-05.

图6-18　"田埂上的梦想" 艺术行动音乐会在北京举办

图片来源：芥末堆教育网

线上线下培训，提升乡村教师的艺术教育水平

2018年7月，"艺术行动"公益项目联合首都师范大学的专家团队，为雄安新区的700位艺术教师提供美术、音乐课程线下培训，并由腾讯课堂直播，来自江西、广西、四川等8个省（自治区）的600多名音乐教师参与线上学习。培训结束后，老师们回校组建了合唱团，首都师范大学音乐学院的志愿者团队每周持续提供在线辅导。

"音乐＋科技＋公益"模式，助力边远地区音乐教育

"艺术行动"公益项目在2018年的实践基础上继续升级，联合QQ音乐发起"给孩子写歌"音乐共创计划，联合全民K歌发起"互联网音乐教室"公益计划，让更多的乡村孩子迈出艺术学习的第一步。"给孩子写歌"计划联合音乐人及网络创作达人，共创优质儿童音乐作品；"互联网音乐教室"公益计划邀请全国100所乡村学校加入，通过音乐智能设备、AI互动、

音乐人实时连线授课等形式，因地制宜地共建音乐教室，为孩子们带来丰富有趣、突破时空地域限制的音乐体验，同时还发动音乐达人实时连线或赴乡村支教活动。

案例点评

腾讯和北京荷风艺术基金会共同发起的"艺术行动"公益项目是充分发挥腾讯的互联网资源优势，跨界合作提升农村艺术教育水平的创造性举措。艺术教育往往是基础教育环节中最容易被忽视的内容之一，尤其在广大农村教育师资不足、基础文化课程难以开齐开好的情况下，农村孩子的艺术梦更是难以实现。"艺术行动"公益项目通过多样化的网络教育手段，将优质的音乐教育资源通过各类网站、App 输送到乡村学校。值得注意的是，该公益行动还注重建立长效化艺术教育机制，采用线上线下相结合的形式，培养乡村教师的艺术素养与教学能力，让乡村教师即便在项目结束后，也能学会应用互联网信息技术，持续地开展乡村艺术教育。

案例 22：云南省通过"互联网＋金融"助推乡村振兴 [18]

随着云南省打造世界一流"绿色食品牌"的推进，如何破解农业企业发展中的融资难题备受关注。2019 年，云南省"一部手机云企贷"1.0（二期）上线，率先在蒙自市、开远市开展试点，实现对平台用户的精准画像，引导金融"活水"助推乡村振兴。

18　杨抒燕. 云南：大数据＋科技引导金融活水助推乡村振兴[N]. 云南日报，2019-12-25.

金融科技助推营商环境提升

　　"一部手机云企贷"是由云南省政府主导，与中国建设银行深度合作，运用大数据、云计算、区块链等新技术，整合各类信用信息资源，通过构建信用体系，创新融资模式，服务全省企业和个人的手机 App。"一部手机云企贷"由云信用、在线测额、智慧风控三大模型支撑，是一个以新金融属性为突出特点的综合融资服务平台。该平台通过大数据、人工智能等科技手段，获取客户的信用信息，叠加强农惠农、行业优惠、表彰奖励等政府赋能政策，构建新信贷模式，解决实体经济"融资难、融资慢、融资贵"的问题，实现贷款不求人、审批不见面和最多跑一次的目标。"一部手机云企贷"应用界面如图6-19所示。

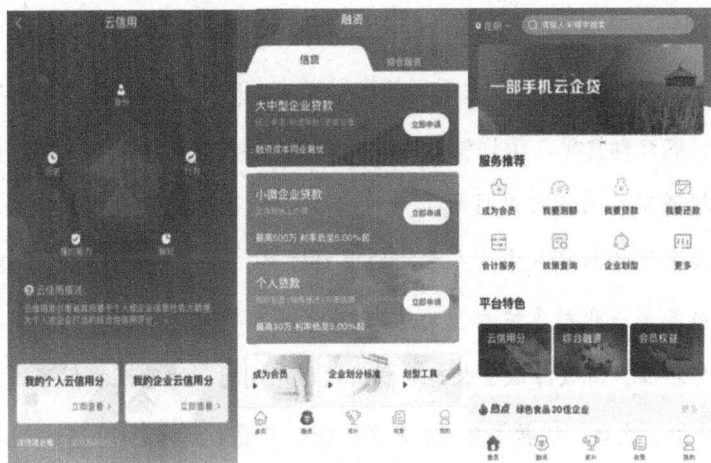

图6-19　"一部手机云企贷"应用界面

图片来源：安卓手机市场

率先解决农企的贷款需求

"一部手机云企贷"根据企业最近一年的营业收入以及农村土地承包经营权价值，提供大数据授信，推出大数据快贷产品—地押云贷。"一部手机云企贷"上线后，以农业为切入点，以蒙自市、开远市为试点，破解云南省农业企业及农户的贷款"痛点"。2019年12月15日，蒙自市草坝镇前进村"好吃米"稻业产销专业合作社获得全省首笔一年期95万元的"地押云贷"资金，有效缓解了每年7～10月向农户收购稻谷的流动资金紧缺问题。立足云南农业产业实际，中国建设银行还创新了信贷服务模式，探索构建"龙头企业＋合作社＋农户""中小微企业（合作社）＋农户""农户＋大数据"3种信贷模式带动产业链上下游客户，精准"滴灌"新型农业经营主体。

案例点评

"一部手机云企贷"是互联网金融助力乡村振兴的突出表现。农业企业、农户融资难，银行对小微企业与个人征信难的问题，是长期困扰农村经济发展的老大难问题。"一部手机云企贷"提供的解决方案，搭建了金融机构与贷款申请人之间的重要桥梁，通过大数据、人工智能、区块链等新一代信息技术，为用户360°精准画像，可实现少抵押甚至免抵押担保，有效降低了农户的贷款门槛。同时，平台还提供了线上申请、审批、支取、还款等全流程服务，使信贷资金更加高效、安全地被发放至贷款申请人手中。此外，平台还提供会计、金融、财政奖补等政策信息及开放式征信平台、失信企业名单查询，助力构建公开透明的信用体系。

案例23：长兴县乡村的"数字生活管家" [19]

2019年2月20日，浙江省湖州市长兴县无卡就诊系统正式上线，村民不需要手机、身份证和医保卡，通过人脸识别技术便可在系统中确认身份信息、关联社保账户，实现全流程无卡化就诊。

政府部门积极推动数字化惠民建设

无卡就诊系统由长兴县4个部门联合共建：大数据发展管理局负责打通数据、开发平台；公安局提供人脸信息库；医疗保障局实现医保脱卡结算；卫生健康局做好医疗终端服务。此外，该系统还推出了医后付和信用支付等功能，将多次付费优化为就医结束后一次性结清，并设置信用额度，让群众在紧急情况下也能看好病、拿到药。随着医疗资源的下沉，长兴县村民不仅在家门口就能看专家，还因为有了数字化的系统，节省了路费、预约费用等。

人脸识别技术改善村民医疗体验

"刷脸"不仅方便了群众看病，还能精准识别就医者，防止医保卡冒用情况，有效管控风险。医疗服务中人脸识别技术应用如图6-20所示。

图6-20　医疗服务中人脸识别技术应用

图片来源：雪球网

---

19 农民日报[OL]. 2019-04-09.

案例点评

　　长兴县根据自己原有乡镇农村的特色，积极配合政府梳理规划农村数字化建设情况，从分散到集中，从线下转线上，从串联向并联，通过现代信息通信技术，加强自身医疗、社保、就业、金融等领域的有效供给能力，特色数字化平台的搭建让智慧手段充分运用于基层治理，人脸识别等先进技术帮助村民简化看病流程，让医院尽量做到有求必应。长兴县公共服务数字化的实施帮助其265个村（居、社区）的20.5万户家庭解决了看病难、交社保难的问题，让每位村民有一本"诚信账"，使群众参与村社事务的主动性和参与率不断提升，同时政府与其他相关部门自治能力也在不断升级。

网络扶贫

2020 年是我国打赢脱贫攻坚战，实现全面建成小康社会的收官之年。网络扶贫行动在助力贫困地区全部摘帽后，仍需要继续发挥信息技术的优势，巩固脱贫成效，推动脱贫地区向数字乡村方向发展。

案例 24：安徽砀山电商模式助推精准扶贫

砀山县位于安徽最北部，在皖、苏、鲁、豫 4 个省 7 个县（市）的交界处，是以水果种植为主的农业大县和国家级贫困县。近年来，按照中央和安徽省委和宿州市委部署，砀山县把电商精准扶贫作为支柱性产业工程来做，走出了一条符合砀山实际的电商精准扶贫之路。

依托自身优势，加强统筹谋划，创新推动电商精准扶贫

做强水果产业，发展农产品电子商务。砀山素有"世界梨都、水果之乡"之称，拥有近百万亩连片生态果园。2015 年以来，砀山县积极抢抓国家第二批电子商务进农村综合示范县机遇，创新发展电商产业，出台了一系列支持电商产业发展的优惠政策，成立了电商协会，高水平建设电商产业园，打造"众创空间"，为电商企业在招商融资、仓储物流、建设基地等方面提供支持。

创新工作思路，探索电商扶贫新模式。农产品销售受行业市场变动的影响较大，砀山作为水果种植大县，销售信息长期滞后，丰产不丰收，多年来一直是个难题。2016 年春季，砀山水果再次出现滞销，对广大贫困群众来说更是雪上加霜，为此，砀山县委、县政府动员电商协会组织全县的电商企业开展"水果义卖""酥梨众筹"等公益促销活动，短短一个多月，就帮助果农销售水果达 1500 余万公斤、增收 1800 余万元，帮助 1800 多户贫困群众解决了销售难题。砀山农产品电商强大的网上销售能力，不仅让"卖果难""卖果贱"成为历史，也更加坚定了砀山县抓电商促扶贫的信心。

优化配套设施，搭建服务平台，构筑电商扶贫三级网络

加强全县物流配送体系建设。砀山县大力发展生产物流、商业物流和第三方物流，引进多家快递物流企业入驻砀山；实施"快递下乡"工程，形成了"快递到镇、配送到村、服务到户"的物流配送体系，打通了物流的"最后一公里"；加强与淘宝、京东、苏宁易购等电商平台合作，加大信息到镇进村入户试点力度，成功打造了砀山电商特色小镇。

搭建电商扶贫服务平台。在全县各类现有电商平台的基础上，砀山县建设了县电商扶贫服务中心、镇（园区）电商扶贫分中心。特别是在全县 60 个贫困村，村村都建成了一个集"电商运营、创业孵化、就业培训、扶贫车间、产业基地、物流配送"于一体的村级电商扶贫驿站，搭建电商带动贫困户的综合服务平台。

强化党建引领电商扶贫。砀山县大力实施"红色引航·电商扶贫"行动计划，充分发挥党建优势，将党组织服务电商发展、推动脱贫攻坚列入基层党建工作责任目标考核，镇村党组织领建村级电商扶贫驿站，通过教育培训、联系帮扶、打造品牌、典型带动等形式，架起电商产业联系贫困群众的桥梁，促进贫困村产业与市场对接，实现了"支部引领、产业支撑、电商带动、贫困户致富"的目标。

有效对接市场，促进产业升级，持续带动贫困群众增收

组织全县电商企业与贫困户结对帮扶。砀山县电商协会发动全县电商企业与种植水果的贫困户精准对接帮扶，以高于市场10%的价格收购贫困户的农产品，帮助其实现销售和增收。

利用电商驿站帮助贫困户销售特色农产品。砀山县通过"电商＋一村一品"帮助贫困户在网上销售水果等特色农产品，带动贫困群众发展水果、食用菌等特色生态种植业，以及农产品加工、手工艺品加工、林下经济、乡村旅游等产业，不仅让贫困群众在家门口挣钱脱贫，还有效增加了村集体收入。2018年，砀山利用闲置果树枝条作为培养基主要原料，大力推进食用菌产业扶贫，研发了"香菇脆""香菇酱"等系列产品，设计注册了饱含扶贫情怀的"亲菇"（亲情香菇）、"亲耳"（亲情木耳）等品牌，形成了"电商扶贫驿站＋食用菌基地＋贫困户"的发展模式。

激活双创动能，促进融合发展，助力全面打赢脱贫攻坚

支持鼓励创业。砀山县依托县、镇、村三级电商服务中心，构建由政府部门、社会团体、高等（职业）院校、电商龙头企业为主体的电商扶贫培训体系，对有意向、有能力的建档立卡贫困户、残疾人等精准扶贫对象和农村青年致富带头人、村干部进行电商基础知识普及、电商专业技能、电商孵化转型、微商营销等课程培训；对具备开办网店条件的贫困村和贫困户，组织电商企业开展对口帮扶"结对子"活动，重点培训网店开设、网店装修、运营推广、摄影美工、店铺管理等实操技能，并给予补助奖励；同时，还成立了残疾人电商协会，举办残疾人电商创业扶贫专题培训班，有效探索了残疾贫困群众通过电商摆脱贫困的新路子，涌现出一批残疾人电商扶贫励志典型。砀山县电子商务进农村培训现场如图 6-21 所示。

图 6-21　砀山县电子商务进农村培训现场

图片来源：搜狐网

砀山县农村电子商务的蓬勃发展，不仅促进了一、二、三产业的深度融合，而且推动了农业供给侧的结构性改革，有效带动了现代农业、果蔬加工、仓储物流、彩印包装、创意设计等相关产业的全面崛起，催生了电商企业、网店微商、农民专业合作社、种植大户、农产品加工企业、网商经纪人、物流配送队伍等多个行业的就业岗位，为贫困群众提供了广阔的就业空间，带动了一大批贫困群众实现稳定脱贫。

案例点评

产业扶贫是我国脱贫攻坚工作的重要手段，也是形成区域良性脱贫机制的主要方式。砀山县依托自身水果产业的特色，利用互联网电商经济模式充分挖掘农产品的资源优势，带动了一大批贫困人口、残疾人群走上电商脱贫致富的道路。2018年年底，砀山县成功实现脱贫摘帽，但当地县委县政府坚持"脱贫不脱政策"，持续将农村电商作为砀山县全面实现乡村产业振兴的重要武器。同时，砀山县依托农村电商发展起来的现代农业、仓储物流、包装设计等产业全面崛起，为广大农民群众提供了丰富的就业创业机会。脱贫攻坚任务艰巨，巩固脱贫攻坚成果的任务也不会轻松，只有坚持激发贫困人口的内生动力，积极开展网络扶智和扶志，做好返贫监测，才能真正把实现脱贫攻坚与乡村振兴有机衔接起来。

案例 25：扶贫扶智并举，阿里巴巴助力脱贫攻坚 [20]

贫困问题是当今世界和平与发展面临的最大挑战之一。在数字经济时代，阿里巴巴坚持扶贫先扶智，通过数字化赋能，让贫困人群具备创富的意愿和能力，实现平等分享、普惠富裕，通过推动贫困地区数字化转型使之走上致富之路。

数字经济时代，农业也从靠"天"吃饭走向了靠"数"吃饭。"ET农业大脑"是阿里云在农业领域提供的智慧解决方案，围绕农业的核心——种养殖——打通产业链的上游和下游，为农业的升级提供大数据技术的支撑。"普惠金融＋智慧县域"项目通过提供纯信用的信贷服务、便捷高效的支付结算服务、与城市同样的便民生活和政务服务，让当地群众享受到与大城市无差别的普惠金融和互联网体验。阿里巴巴依托"淘宝村"建立生态系统，解决信息沟通、商品交易等问题，让市场供需得到更好的匹配，实现商品优质优价。阿里巴巴平台对于贫困人群所赋之"能"，就是通过数字经济下"小前端、大平台、富生态"这样的企业—产业复合体的新结构，为贫困人群提供了低成本、高效率、多方式脱贫致富的机会。

在阿里巴巴专家资源、产业布局政策的支持下，阿里巴巴将原本简单的电商人才培训升级为"淘宝村"的"政府＋服务商"模式。其落地模式简单来说是"1+3+2"：1 个月全面培训，培养农民学习新型电商技能，用淘宝店铺开拓新市场；3 个月深度孵化，通过专业运营团

20　阿里研究院[OL].

队帮助店铺提升销量；2个月进行店铺分级，打造标杆店铺，扶持重点店铺，发展活跃店铺。阿里巴巴通过规划、培训、孵化、数据，立足"政府＋服务商"模式沉淀的经验，从选好产品、建立品牌、讲好故事、树立模式、注重实践、善于推广6个维度来打造"淘宝村"。"淘宝村"的"政务＋服务商"模式如图6-22所示。

图6-22 "淘宝村"的"政务＋服务商"模式

图片来源：闪讯官网

案例点评

推进网络扶贫转向建设数字乡村，要牢牢把握数字化技术赋能在农村产业发展、公共服务水平提升、村民信息素养培育中的重要作用。阿里巴巴依托自身的互联网信息技术优势，在建设"淘宝镇""淘宝村"

的过程中，不是简单地培养农村电商商户，而是通过推动农村整体的数字化转型，利用大数据、人工智能等技术解决好农村在农业生产、金融、交通、物流、人才等方面存在的各类问题，改善农村产业的基础条件，激发农村劳动者的内生动力，从而使贫困地区在实现脱贫致富的过程中，自然地向数字乡村过渡。

案例 26：苏宁"一二三四五"战略构建乡村振兴新模式[21]

作为全国领先的智慧零售企业，苏宁一直聚焦农村市场发展，把助力乡村振兴作为核心的战略工作之一。近年来，依托智慧零售的模式优势和资源优势，苏宁围绕乡村振兴逐步形成了"一二三四五"发展战略。

聚焦乡村振兴、聚力精准扶贫

乡村振兴战略是我国决胜全面建成小康社会、全面建设社会主义现代化国家的重大历史任务，而脱贫攻坚是乡村振兴中的重要一环。《乡村振兴战略规划（2018—2022 年）》指出，把打好精准脱贫攻坚战作为实施乡村振兴战略的优先任务。苏宁围绕农村市场的发展目标就是要实施各项举措，聚焦乡村振兴、聚力精准扶贫。

产业扶贫、就业扶贫、教育扶贫、捐资扶贫

2017 年，苏宁在全国首创了"扶贫实训店"这一线上线下（Online To Offline，O2O）造血扶贫新模式，并面向国家级贫困县推广复制。

---

21 新快报[OL]. 2018-10-17.

苏宁易购扶贫实训店在线下为建档立卡贫困户提供就业岗位，开展电商技能培训；在线上，苏宁通过苏宁易购中华特色馆之地方扶贫馆销售地方的特色农产品，为贫困县打通"农产品上行"道路，助力地方农产品产业化发展。此外，实训店盈利的70%还将捐赠给当地用于公益事业。由此，苏宁易购扶贫实训店实现了产业扶贫、就业扶贫、教育扶贫、捐资扶贫于一体，致力于构建精准扶贫的长效机制，做到"真扶贫、扶真贫"。2018年9月，苏宁易购扶贫实训店已在全国超过90个贫困县落地，农村电商培训人次已超过20万。2020年，苏宁易购扶贫实训店在全国落地数量达到300家。

投资、纳税、就业、服务、造富在当地

通过线上线下联动，产业扶贫、就业扶贫、教育扶贫、捐资扶贫一体化，苏宁不断推动农业产业化、农产品品牌化、农人专业化，致力于实现投资在当地、纳税在当地、就业在当地、服务在当地、造富在当地，搭建农商互联的最佳平台，高效服务农民，打造农村经济发展的电商生态圈，助力乡村振兴，帮助农民在当地实现脱贫致富、安居乐业。

案例点评

苏宁利用自身零售模式与新型电商平台的优势，促进农产品市场进行数字化转型，形成了从专业合作、实训就业、产业扶持到机制设计的一整套扶贫工作解决方案，不断促进精准扶贫的实效和长效运行。苏宁不忘精准扶贫的责任，把国家农村现代化数字化改革发展视为己任：一方面利用现代互联网技术，将其零售云赋能于农村经济发展，帮助多个乡村实现脱贫致富，走出了新时代帮扶农村经济、发展自身市场的路子；另一方面通过发挥全场景融合优势，借助销售运营、物流金融扶持、对口帮扶等举措，全力实现城市需求与农村产能的精准对接，形成了比较成熟的农产品线上线下营销模式，带动了河南、云南、贵州等农业大省的农业发展与经济增长。

第7章

我国数字乡村发展面临的挑战及对策建议

虽然数字乡村建设取得了重要的进展，但由于我国农村地区地域辽阔，所以城乡发展不平衡、不充分的矛盾依然存在。不同地区的网络基础设施、农民的信息化应用水平、农村信息化人才以及发展机制等方面存在一定的差距，数字乡村建设也面临新的挑战。

主要面临的挑战

1. 农村网络基础设施建设有待加强

随着"宽带中国"战略的深入实施，电信普遍服务试点加快推进，农村网络覆盖水平已经大幅提升，我国农村网络技术设施条件已有极大的改善，但与城市相比，仍存在较大的差距。2019 年年底，我国行政村通光纤比例、4G 网络覆盖率已达 98%。但在我国广大农村地区，特别是中西部的山区和丘陵地带，农民散居现象非常普遍，可能同一个行政村的几个村小组相隔几座大山，网络仅覆盖到村委会，许多农村的中小学、医院、田地以及村民家中还未能完全实现网络覆盖，这阻碍了农业信息应用、"互联网＋教育"及"互联网＋医疗健康"在农村的深入发展。例如，2020年年初，受新冠肺炎疫情影响，全国中小学普遍采用网课方式实现"停课不停学"，但在许多贫困地区、偏远山区由于网络覆盖不到位，学生在线学习遇到了诸多困难。

目前，农村地区基础网络的性能还无法满足未来一些新型数字农业的发展需求。例如，植保无人机、机器视觉类新型农机（锄草、分拣、采摘）对网络时延、可靠性、速率等性能的要求较高，环境监测类传感器虽对网络速率、时延的要求不高，但对网络覆盖、小区接入能力的要求较高。电信运营商需要不断优化现有网络，满足端到端智慧农业应用对网络时延、可靠性、速率等性能的差异化需求。不同农业场景对通信网络的需求见表 7-1。

表 7-1　不同农业场景对通信网络的需求

业务名称	网络性能要求	网络覆盖范围要求
精准种植	带宽≥60Mbit/s	耕地 / 水田全覆盖
大棚种植	带宽≥30Mbit/s	大棚内全覆盖
智能农机 / 无人机农林植物保护	时延≤10ms	作业范围内全覆盖
智慧渔业	时延≤20ms	养殖场内全覆盖
精准养殖（禽畜类）	带宽≥50Mbit/s	养殖场内全覆盖

2. 农村居民信息化应用水平有待提高

在网络覆盖、终端普及、基础教育水平等方面存在的一些问题使我国农村居民的信息化应用水平不高，与城市居民存在较大的"能力鸿沟"。所谓"能力鸿沟"是指在掌握数字技术的使用知识、数字技术的使用广度、数字技术的使用深度等方面存在的差距。"能力鸿沟"与公民受教育水平、数字技术培训服务等软件条件密切相关。第六次全国人口普查显示，我国农村人口小学以下文化程度占 43.5%，大专及以上文化程度的比重仅占 0.6%。我国农民的互联网应用仍然以语音、视频聊天等基础性信息产品和服务为主，其对在线医疗、教育、精准农业等发展型高层次、高水平、高品质应用的需求和使用能力相对不足。非网民上网促进因素如图 7-1 所示。

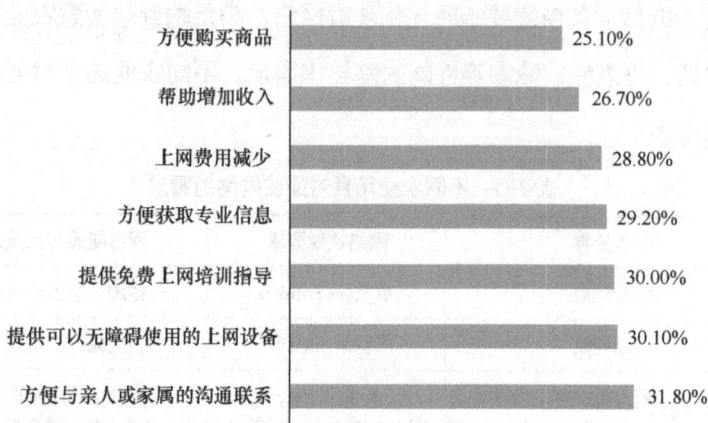

图 7-1　非网民上网促进因素

数据来源：CNNIC《第 46 次中国互联网网络发展状况统计报告》

3. 农村信息化人才缺乏

农村待遇较低、条件相对较差、发展机遇有限等因素导致农村的年轻人外出打工的比例很高。年轻人不愿回乡，留在农村的以老人、妇女、儿童居多，信息化人才严重缺乏。具体表现为以下几个方面。一是农业信息化专业人才匮乏。农村地区既懂信息技术又懂农业生产经营管理的人才较少，农民信息利用能力欠缺、信息本身效用不高，互联网带动农民创业创新的氛围还没有形成，严重阻碍了农业信息技术的普及推广和"互联网＋"现代农业建设的进度。二是农村居民信息素养不高。农民对现代通信信息技术了解得很少，信息化意识和利用信息的能力不强。截至 2020 年 3 月，我国非网民规模达 4.96 亿，其中，农村地区占比为 59.8%，缺乏信息技能是非网民不上网的主要原因，对于庞大的农民群体来说，现有的培训资源显得严重不足。非网民不上网的原因如图 7-2 所示。

不感兴趣　　　　　　　6.20%

没时间上网　　　　　　8.20%

年龄太大/太小　　　　12.90%

没有计算机等上网设备　14.80%

不懂拼音等文化程度限制　18.20%

不懂计算机/网络　　　　　48.90%

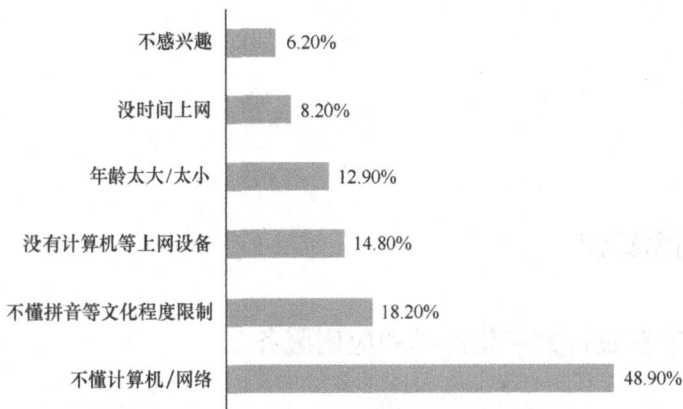

图 7-2　非网民不上网的原因

数据来源：CNNIC《第 46 次中国互联网网络发展状况统计报告》

4. 信息安全保障不足

　　农民对不良信息防范意识较为薄弱，容易受到网络言论的误导，从而传播一些不实的信息。农民的文化水平较低、辨识能力较差，对于虚假信息的防范能力也较弱。与农民生产、生活密切相关的虚假信息包括假种子、假农药、假冒伪劣产品等信息，以及购物诈骗、中奖诈骗等诈骗信息。农民更容易成为网络电信诈骗的重点对象。农村留守儿童的父母常年在外，缺少监护人的监督和教导，容易沉迷网络世界，给他们的成长带来不良影响。教育部人文社会科学研究项目的有关调研报告显示，长时间玩游戏的留守儿童比例明显高于非留守儿童，留守儿童"每天玩 4～5 小时"的占比为 18.8%，而非留守儿童这一占比为 8.8%；留守儿童"每天玩 6 小时以上"的占比为 18.8%，而非留守儿童这一占比为 8.2%。

对策建议

1.丰富农村数字化产品和应用服务

我们应当从农村生产、生活、生态等方面的实际需求出发，充分利用现有工作基础，开展符合农村居民切实需求、实用有效的项目建设，为农村居民提供数字化产品和服务。**首先要加快研发推广一批数字农业成套解决方案和应用。**加快将各地区数字农业试点项目的经验转化为能够广泛推广的数字化农业生产模式，为农民提供数字化种养殖、农产品质量安全管理、农资进销存管理、农业科技信息查询、农业市场信息查询等满足农业生产需求的产品与互联网应用。**其次要探索信息惠农新模式。**从农村居民生活出发，围绕农村电商、生态环保、文化服务、健康医疗、教育等领域，不断丰富满足广大农民群众实际需求的数字化应用。

2.探索城乡信息化融合发展机制

政府要统筹城乡信息化建设，加快补齐农村基础设施的各项短板，实现各类信息服务资源在城乡间自由流通，走城乡融合发展的道路。**一方面，加快完善农村地区基础设施建设，补齐网络、交通、电力、水利、物流等领域的短板。**针对农村地区建网成本高、难以收回投资等问题，建立可持续的网络投资和维护费用保障机制，进一步夯实网络基础设施，确保农村网络可用、好用。**另一方面，推动数字乡村与智慧城市建设协同推进、融合发展**。既要吸收智慧城市建设中的优秀经验，又要充分考虑农村地区的产业结构、基础设施、人员特点等实际，通过推动城乡之间数据资源流动和均衡配置，带动城乡之间各类生产要素的自由流动，促进城市地区优质的医疗、教育、文化等资源向农村流动，推动电子政务延伸到乡村。缩小城乡差距，在保留乡村外部风貌和内在文化精华的前提下，逐步向城市看齐，发展具有中国特色的数字乡村。

3. 加强农村地区信息化人才培养

首先要广泛开展面向农村居民的信息技能培训。各地应发挥社会各界力量的积极性，组织教育教学资源，充分利用已有的农民夜校、益农信息社等软硬件设施，广泛开展针对农村居民的信息技能培训，推动新型职业农民与互联网深度融合发展；鼓励电子商务、互联网金融等领域互联网企业向农村群众提供学习培训的机会；引导投资机构、中介组织、专家学者等支持新型职业农民创业创新，让农民从"触网"变为"用网"；同时，还应注意提高农民对个人信息的自我保护意识，加强网络巡查，严控农村网络有害信息，保护农民的利益不受侵害。**其次要提升农村基层干部的信息技能**。数字乡村建设的主体是农民，但是需要农村基层干部的带领。在数字乡村建设中，发挥第一书记、驻村工作队人员、大学生村干部、"三支一扶"大学生、科技特派员、西部计划志愿者等主体的作用，特别是提升村支部书记等农村基层干部的数字素养，带动本地居民提升信息技能水平。

4. 探索多元化、可持续的发展模式

探索多元化、可持续的数字乡村建设模式，进一步深化改革创新，发挥市场在资源配置中的决定性作用，倡导政府、企业、社会多方参与数字乡村建设。**在政府层面，要以财政投入撬动社会投入。**政府在数字乡村项目用地、用电等基础设施方面给予保障，发挥政府投资的最大效益，通过优惠政策吸引企业积极投身数字乡村建设。**在市场层面，撬动更多社会力量参与数字乡村建设。**政府要鼓励政策性、商业性金融机构在业务范围内为试点地区建设提供信贷支持，逐步形成既让农民受益又让市场主体有积极性的建设发展机制，避免盲目投资、盲目建设项目。**在农村居民层面，要发挥农村居民主体作用。**市场主体可以通过直接投资、股份合作、"保底收益＋按股分红"等形式与农民建立紧密的利益联结机制，使农民分享数字化发展收益，通过农村电商、乡村旅游等方式获得经营性收入，通过打工就业获得工资性收入，通过资产入股、资源入股获得财产性收入等，以此调动农民的积极性、主动性。

5. 聚力解决"三农"重点难点问题

聚焦本地资源禀赋，发展特色的数字乡村模式。《数字乡村发展战略纲要》提出了10项重点任务，涵盖经济、文化、科技、环保、治理等多个领域。地方在实施数字乡村建设时，需要根据本地区的地理区位、资源禀赋、产业现状，因地制宜、因势利导地发展具有本地特色的数字乡村建设，避免贪大求全、万村一面。

　　瞄准难点与重点问题积极创新发展模式。当前，我国农村地区的信息网络建设逐步加快，在网络接入方面与城市地区的数字鸿沟已经有所缓解。但是广大农民群众在信息技术应用方面的数字鸿沟还在加深，各地普遍存在农民信息素养不高、信息化应用水平不高、农村数据资源难以共享等问题。各地需要围绕当前面临的主要问题开展专项优化工程和项目，攻克难点和堵点，在解决问题的过程中，不断探索数字乡村发展新模式。

　　紧盯农民核心利益，破解乡村发展难题。数字乡村建设通过数字技术可以提高农业的生产效率，提升农民生活的智慧化水平，促进农民收入稳步增长、生活质量显著提升。因此我们必须坚持以人民为中心，围绕农民关切的实际问题，为农民的生产生活做出实实在在的贡献。